TRADING ONLINE

Il manuale completo per principianti con le migliori strategie di analisi tecnica, forex trading e gestione delle emozioni

Leonardo Rizzieri

Copyright © 2021 – Leonardo Rizzieri
Tutti i diritti riservati.
Questo documento è orientato a fornire informazioni esatte e affidabili in merito all'argomento e alla questione trattati. La pubblicazione viene venduta con l'idea che l'editore non è tenuto a fornire servizi di contabilità, ufficialmente autorizzati o altrimenti qualificati. Se è necessaria una consulenza, legale o professionale, dovrebbe essere ordinato un individuo praticato nella professione.
Non è in alcun modo legale riprodurre, duplicare o trasmettere qualsiasi parte di questo documento in formato elettronico o cartaceo.
La registrazione di questa pubblicazione è severamente vietata e non è consentita la memorizzazione di questo documento se non con l'autorizzazione scritta dell'editore.
Tutti i diritti riservati.
Le informazioni fornite nel presente documento sono dichiarate veritiere e coerenti, in quanto qualsiasi responsabilità, in termini di disattenzione o altro, da qualsiasi uso o abuso di qualsiasi politica, processo o direzione contenuta all'interno è responsabilità solitaria e assoluta del lettore destinatario. In nessun caso qualsiasi responsabilità legale o colpa verrà presa nei confronti dell'editore per qualsiasi riparazione, danno o perdita monetaria dovuta alle informazioni qui contenute, direttamente o indirettamente.
Le informazioni qui contenute sono fornite esclusivamente a scopo informativo e sono universali. La presentazione delle informazioni è senza contratto né alcun tipo di garanzia. I marchi utilizzati all'interno di questo libro sono meramente a scopo di chiarimento e sono di proprietà dei proprietari stessi, non affiliati al presente documento.

SOMMARIO

INTRODUZIONE 6

CAPITOLO 1: CARATTERISTICHE E ORIGINI DEL TRADING ONLINE 10
- IL SIGNIFICATO 10
- LE CARATTERISTICHE 14
- LA STORIA 19

CAPITOLO 2: LA PSICOLOGIA DEL TRAIDER 26
- COS'È IL MINDSET? 26
- LA MENTALITÀ DI CRESCITA 30
- LA CONSAPEVOLEZZA EMOTIVA 38
- GLI INGRANAGGI MANCANTI 46

CAPITOLO 3: GLI ELEMENTI DEL TRADING ONLINE 51
- L'ATTREZZATURA 51
- IL CAPITALE E IL TEMPO A DISPOSIZIONE 55
- GLI STRUMENTI FINANZIARI 59
  - *Azioni* *60*
  - *Obbligazioni* *61*
  - *Valute* *63*
  - *Criptovalute* *65*
  - *Commodities* *68*
  - *Futures* *70*
  - *Opzioni* *71*
  - *CFD* *73*
- I MERCATI FINANZIARI 75
- IL BROKER FINANZIARIO 79
  - *Informazioni legali* *79*
  - *Operatività* *81*
  - *Costi* *82*

CAPITOLO 4: L'ANALISI DEL MERCATO 84
Le discipline del trading online................................84
Analisi tecnica 88
I grafici 91
Gli ordini 96
I livelli di supporto e resistenza..................................98
Le figure di inversione...101
Indicatori e oscillatori...108
Analisi fondamentale...111

CAPITOLO 5: IL TRADING ONLINE NELLA PRATICA..114
La costruzione di una strategia.............................114
Cinque strategie da cui prendere spunto 116
Strategia Pivot Point 116
Strategia Trendline di DeMark................................118
Strategia con la Media Mobile a 50 periodi.............119
Strategia con le Bande di Bollinger 120
Strategia di Holding (Criptovalute) 121

CONCLUSIONE 123

INTRODUZIONE

Benché la maggior parte delle persone pensi il contrario, il **TRADING ONLINE** è molto semplice da capire: si tratta, essenzialmente, di acquistare e vendere beni o quote societarie.

Se prendiamo un oggetto, come una bicicletta, possiamo attribuirgli un valore, ossia un **costo**: nel caso in cui volessimo acquistarlo, quindi, dovremmo pagare un certo prezzo stabilito dal mercato. Il valore attribuito ad un bene o ad una società influisce sull'attività del **trader** ("investitore") e sull'ottenimento di un **profitto**. L'obiettivo principale del trader è proprio quello di guadagnare nel breve, nel medio o nel lungo periodo in base all'andamento del mercato. Il trader può aprire due tipi di posizioni sul mercato: una **posizione** *long* o una **posizione** *short*. La prima consiste nell'acquistare un insieme di titoli nella speranza che il loro prezzo possa salire in futuro, rivendendoli qualora il loro prezzo fosse superiore rispetto a quello iniziale. La seconda consiste, invece, nel vendere un insieme di titoli nella speranza che il loro prezzo possa scenda in futuro.

Il trader non possiede realmente titoli che vende, ma li prende in prestito dalla piattaforma di trading online che utilizza; il trader avrà l'obbligo, poi, di riconsegnarle entro un termine prestabilito. Se durante questo periodo di tempo il prezzo dei titoli scende, il trader potrà acquistare la stessa quantità presa in prestito dalla piattaforma, pagandola ad un prezzo inferiore rispetto a quello iniziale e realizzando così un profitto dato dalla differenza tra il prezzo di vendita e il prezzo di acquisto.

Vediamo un esempio pratico. Immaginiamo che un trader decida di aprire una posizione *long*, quindi decida di comprare un determinato bene (una bicicletta) ad un prezzo X ($100). Se il mercato dovesse salire, potrebbe vendere il bene ad un prezzo maggiore pari a Y ($110) e ottenere un profitto pari alla differenza tra i due prezzi ($110-$100=$10). In sostanza, se apriamo una posizione *long* e, successivamente, avviene un incremento di prezzo del bene, possiamo decidere di vendere e ottenere un profitto dato dalla differenza di prezzo ($10) oppure mantenere la posizione aperta sperando di ottenere un profitto maggiore in futuro. Invece, se apriamo una posizione *long* e, successivamente, avviene un decremento di prezzo (passa da $100 a $90), possiamo decidere di vendere e accettare la perdita (-$10) oppure mantenere la posizione aperta sperando che il mercato salga in futuro. Immaginiamo adesso che un trader decida di aprire una posizione *short*, quindi decida di vendere un determinato bene (una bicicletta) ad un dato prezzo X ($100) entro un certo periodo di tempo (due mesi). Se il mercato dovesse scendere, potrebbe comprare il bene ad un prezzo inferiore pari a Y ($90) e rivenderlo al prezzo pattuito in precedenza, ottenendo così un profitto pari alla differenza tra i due prezzi ($100-$90=$10). In sostanza, se apriamo una posizione *short* e, successivamente, avviene un decremento di prezzo, otteniamo un profitto dato dalla differenza di prezzo ($10). Invece, se apriamo una posizione *short* e, successivamente, avviene un incremento di prezzo (passa da $100 a $110), otteniamo una perdita dato dalla differenza di prezzo (-$10). Solitamente, il prezzo scende se il numero dei compratori è nettamente inferiore rispetto alle quantità disponibili e ai venditori, mentre il prezzo sale se il numero dei compratori è nettamente superiore rispetto alle quantità disponibili e ai venditori.

Come possiamo intuire, quando facciamo trading c'è sempre un "vincitore" e un "perdente": per riuscire ad avere successo, quindi, dobbiamo cercare di stabilirci dalla parte vincente, ossia ottenere più profitti che perdite. A grandi linee, il trading online funziona così. Esso è un ramo del trading che si svolge interamente online e prevede l'utilizzo di **piattaforme virtuali** fornite da **broker online**, nelle quali è possibile scambiare e negoziare sui **mercati** i vari **strumenti finanziari**. Sebbene le dinamiche del trading siano semplici da capire, non è detto che siano facili da mettere in pratica: andando avanti con la lettura del libro ti accorgerai della complessità del trading online e, soprattutto, dell'impegno economico e psicologico che richiede. Per affrontarlo nella maniera corretta è necessario, quindi, andare per gradi, aumentando la difficoltà man mano che inizi a familiarizzare con i concetti e i fattori che lo contraddistinguono.

Il libro mira a guidarti nel mondo del trading online offrendoti una vasta gamma di strumenti e informazioni utili per iniziare il tuo percorso al meglio. Esso è suddiviso in cinque capitoli: il primo tratta del significato, delle caratteristiche principali e della storia del trading online; il secondo della psicologia ideale del trader; il terzo degli elementi essenziali del trading online; il quarto dell'analisi di mercato, quindi dell'analisi tecnica e dell'analisi fondamentale; il quinto della strategia da utilizzare nel trading online, una volta che si passa alla pratica.

È un manuale semplice, ma pieno di informazioni e concetti chiave, che potrai studiare e utilizzare ogniqualvolta ne avrai bisogno.

Detto ciò, buona lettura!

# Capitolo 1
CARATTERISTICHE E ORIGINI DEL TRADING ONLINE

Il significato

Cos'è, quindi, il trading online?

Con il termine **TRADING ONLINE** (TOL) si intende l'attività di scambio e compravendita degli **strumenti finanziari** attraverso l'uso di Internet. Il trading online trae le sue origini da due parole inglesi, ossia *trading* ("negoziazione" o "commercio") e *online* ("in-linea"), che indica tutto ciò che raggiungibile attraverso Internet. Benché la forma corretta in inglese sia "online trading", in italiano è di uso comune pronunciare "trading online". Gli strumenti finanziari vengono anche chiamati *asset* e comprendono Azioni, Titoli, Valute, Criptovalute e molti altri ancora. I **trader**, gli investitori online, eseguono operazioni finanziarie di negoziazione attraverso dei **broker online**, degli intermediari virtuali che forniscono agli utenti delle **piattaforme online**, ossia dei supporti informatici multimediali. La piattaforma è il luogo in cui vengono effettuate tutte le operazioni e si presentano come <u>siti web</u> o <u>software</u>. Grazie ad esse, il broker online acquista e vende gli *asset* per conto dei propri utenti chiedendo in cambio una commissione, solitamente molto bassa. Il broker non ha contatti diretti con gli utenti, tutto avviene direttamente online. Di conseguenza, il trader ha il pieno controllo sulle negoziazioni e agisce in maniera autonoma, senza l'influenza di nessuno. In sostanza, il broker è il "mezzo" attraverso il quale il trader può operare sui **mercati finanziari**. Il mercato finanziario è il luogo in cui si verificano tutte le operazioni di contrattazione e di scambio di un particolare strumento finanziario.

L'obiettivo principale dei trader è aumentare il proprio capitale iniziale nel breve, medio o lungo periodo, ossia ottenere un **profitto**. Per riuscire a ottenerlo, i trader non si limitano soltanto ad acquistare o vendere un *asset*, ma "scommettono" anche sul rialzo o ribasso del prezzo di titoli o indici. Ciò avviene attraverso dei particolari strumenti finanziari **derivati**, come i CFD (*Contracts For Difference*), i quali simulano il prezzo dell'*asset* sottostante. In questo modo, i traders possono speculare sul valore reale degli *asset* di riferimento senza doverli per forza acquistare concretamente: una volta individuato il trend del mercato, sarà sufficiente "puntare" sul corretto andamento del titolo e guadagnare grazie alla differenza di prezzo.

Prima di introdurre le caratteristiche principali del trading online, è importante fare una precisazione: il trading online è un'attività finanziaria e, in quanto tale, può comportare delle ingenti perdite di denaro. Il **rischio** è insito in ogni investimento, pertanto è essenziale comprendere che non si tratta di un gioco, né un'attività basata fortuna. Molti trader, soprattutto all'inizio, tendono a "lanciarsi" negli investimenti senza un'adeguata preparazione, causando delle perdite molto importanti. Il trading online è un **lavoro** come tutti gli altri, quindi richiede tempo, studio, pratica. È un'attività seria e impegnativa, non può e non deve essere presa sottogamba: sarà possibile ottenere dei risultati solamente se viene affrontato nella maniera corretta e con la mentalità giusta.

È sbagliato pensare che si possa guadagnare tanti soldi in poco tempo e con il minimo sforzo grazie al trading online. Non c'è convinzione peggiore, perché potrebbe compromettere i nostri guadagni, oltre a esporci ai **truffatori**. Di per sé, il trading online non è affatto un'attività illecita, tuttavia, trattandosi di un settore finanziario in cui circolano molti soldi, è preso di mira da molte persone malintenzionate. Nella maggior parte dei casi i truffatori fanno leva sull'emotività dei principianti per convincerli a investire con loro, promettendo in cambio guadagni illimitati. Le truffe avvengono attraverso piattaforme create ad hoc, molto simili a quelle dei broker online più conosciuti, con la differenza sostanziale che il denaro depositato sparisce nel giro di poco tempo, così come qualsiasi riferimento relativo al presunto broker.

Dunque, per fare trading online è indispensabile studiare e approfondire prima di procedere con qualsiasi tipo di investimento. Solo grazie ad una formazione efficace e completa sarà possibile comprendere tutti i meccanismi che regolano il trading online, scongiurare ogni probabilità di perdere il capitale investito e, soprattutto, avere successo in questa attività.

Le caratteristiche

Ad oggi il trading online continua a diffondersi a macchia d'olio in Italia: sono in centinaia di migliaia le persone che, ogni giorno, negoziano sulle numerose piattaforme di trading esistenti. I dati della **CONSOB** (*Commissione Nazionale per le Società e la Borsa*) parlano chiaro: i broker online che si sono registrati negli ultimi decenni sono cresciuti a dismisura.

Ma cosa rende il trading online così irresistibile?

Vediamo le sue caratteristiche principali.

1. **Flessibilità**

"You can be free. You can live and work anywhere in the world. You can be independent from routine and not answer to anybody. This is the life of a successful trader." Queste sono le prime frasi presenti nel libro *Trading for a Living Psychology, Trading Tactics, Money Management* (Wiley Editor, 1993) di **Alexander Elder**, analista e maestro di trading statunitense. Secondo Elder, una delle caratteristiche più importanti del trading online è proprio la sua flessibilità: può essere svolto **ovunque** nel mondo, a casa, in ufficio e persino davanti al mare sorseggiando una bevanda fresca. Il trading online non ci lega a nessun luogo fisico in particolare. Inoltre, ci permette di **organizzare il tempo** a seconda delle nostre necessità: è possibile operare nei mercati quando si desidera, con il limite della loro apertura e chiusura (generalmente, i mercati sono aperti dalle 9.30 alle 16.00 ora locale, ossia dalle 15.30 alle 22 CET). Il trading online può essere gestito sulla base dei nostri ritmi ed esigenze personali, senza dover rinunciare a nessuno dei nostri impegni.

2. Costi e tempi ridotti

Nel trading online i costi da sostenere sono piuttosto bassi. Non esiste più una tassa di negoziazione per accedere ai mercati, ma solo delle piccole commissioni richieste dai broker online. In genere, il trading online è molto meno costoso rispetto all'utilizzo ad un agente di borsa, il quale richiede spesso delle commissioni alte. Inoltre, ha dei tempi molto rapidi: è possibile, infatti, negoziare e scambiare un titolo nel giro di pochi minuti. Basta un "click" e il gioco è fatto.

3. Automaticità

Se non abbiamo modo di dedicare molto tempo alle contrattazioni, possiamo rendere il trading online "meccanico", ossia possiamo impostare dei parametri sulla piattaforma utilizzata, in modo tale da massimizzazione dell'efficienza della stessa: è possibile, infatti, impostare degli **ordini** (come lo *stop loss* e il *take profit*), che ci consentono di limitare le perdite nel caso di un ribasso improvviso del mercato. L'automaticità non solo ci permette di avere un maggiore controllo sulle nostre operazioni, ma di proteggere anche i nostri profitti qualora fossimo impossibilitati ad accedere ai mercati.

4. Trasparenza e liquidità

Anche la trasparenza e la liquidità sono due caratteristiche importanti del trading online: i mercati e, soprattutto, i broker online sono molto più trasparenti di quelli classici, perché i prezzi dei titoli e dei contratti sono pubblici e i canali impiegati legali; inoltre, il trading online consente alle aziende di negoziare e scambiare titoli con maggiore facilità, indipendentemente dal luogo di provenienza delle stesse. In questo modo, il numero di acquirenti e di venditori sul mercato aumenta, ma anche l'ammontare del capitale utilizzato.

5. Molteplici strumenti finanziari

Il trading online offre un'ampissima gamma di strumenti negoziabili: le diverse piattaforme di trading online hanno a disposizione tantissimi strumenti finanziari con cui possiamo operare, i quali possono rispecchiare o meno le nostre necessità. Ad esempio, ci sono degli strumenti finanziari che necessitano di un capitale maggiore di altri, che richiedono un rischio maggiore di altri, oppure che hanno un rendimento maggiore di altri.

Grazie al trading online possiamo ottenere delle informazioni chiare e dettagliate sulla tendenza di qualsiasi *asset* finanziario, osservare i grafici in tempo reale e studiare l'andamento dei mercati. Le decisioni di investimento che prendiamo saranno quindi ragionate, consapevoli e in linea con i nostri obiettivi futuri. Il trading online porta con sé una serie di vantaggi e benefici rispetto ad altri business. Tuttavia, è inevitabile che preveda anche dei rischi. Uno dei rischi più alti riguarda la **leva finanziaria**. La leva finanziaria è un meccanismo che consente ai trader di esporsi su un particolare mercato per un certo quantitativo di denaro, pur non possedendo l'intera somma. Con questo strumento, infatti, è possibile investire una cifra che può essere n. volte superiore all'effettiva spesa dell'operazione. Questo "prestito" viene concesso dal broker online. Sebbene la leva finanziaria incrementi il nostro potere d'acquisto, consentendoci di investire un importo superiore e, quindi, di beneficiare di un rendimento maggiore, aumenta anche il rischio di perdere. Immaginiamo di investire $100 in azioni Netflix. Se usiamo una leva X10, per esempio, il broker online ci "presterà" la parte mancante, ossia $900, per un totale di $1'000. Se le azioni Netflix dovessero salire del 10%, il nostro guadagno sarebbe pari a $100 (10% di $1'000); al contrario, se dovessero scendere del 10%, non solo andremmo in perdita, ma bruceremmo tutti i soldi investiti, tanto che la piattaforma chiuderebbe la nostra posizione. Se non avessimo usato la leva finanziaria, invece, il guadagno sarebbe limitato, come anche il rischio di perdere tutti i nostri soldi. Per questo motivo la leva finanziaria è un'arma a doppio taglio e deve essere usata con parsimonia.

Un altro rischio piuttosto alto riguarda la **truffa**. Le truffe finanziarie sul trading online sono all'ordine del giorno: nel 2020 le truffe, così come le pubblicità aggressive, sono aumentate vertiginosamente. Come abbiamo detto in precedenza, è facile cadere vittima dei malintenzionati, soprattutto all'inizio. Pertanto, è di vitale importanza informarsi bene prima di investire anche delle piccole somme di denaro.

La storia

Quando è nato il trading online?

Come per la maggior parte dei fenomeni storici, non esiste una data o un momento preciso che stabilisce l'inizio del trading online. Quello che sappiamo è che il trading online è frutto di una lunga serie di normative, eventi e processi si sono verificati negli anni. Il trading online mette insieme i principi di due importanti settori: la **finanza**, ossia l'insieme delle attività che implicano transazioni di capitali (non di beni materiali); e la **telematica**, ossia il trattamento automatizzato delle informazioni a distanza. L'avvento della telematica, in particolare delle telecomunicazioni e dell'informatica, non solo ha trasformato per sempre il modo di fare trading, ma ha fatto emergere anche la necessità che venisse regolamentato.

Finanza, informatica e telecomunicazioni si sono incontrate dopo un lungo cammino, iniziato nel VII secolo a.C. con l'invenzione della moneta. Tuttavia, un'accelerazione del processo di sviluppo dell'informativa e della telematica è avvenuta solamente a partire dalla Seconda Guerra Mondiale. In quegli anni, le Potenze militari concentrarono tutto il loro potenziale tecnologico e industriale sull'apparto bellico, al fine di prevalere sul nemico. Con la fine del conflitto e l'inizio della Guerra Fredda, gli Stati non erano interessati solamente a potenziare le proprie armi, ma anche a migliorare l'apparato tecnologico in generale, così da ottenere la supremazia militare. Negli Stati Uniti, per esempio, grazie alle ingenti commesse promosse dal Dipartimento della Difesa, furono introdotte numerose invenzioni tecnologie avanzate per favorire la ripresa economica e mantenere la superiorità della Nazione. In particolare, negli anni Cinquanta gli Stati Uniti costruirono una rete di radar per intercettare e, quindi, prevenire qualsiasi attacco da parte dell'Unione Sovietica, il cosiddetto **SAGE** (*Semi Automatic Ground Environment*)[1]. In questo clima di ripresa economica, Guerra Fredda e capitalismo industriale degli Stati Uniti, la telematica iniziò a incrociarsi con la finanza, soprattutto per sostenere l'aumento impressionante degli scambi di Borsa, non più gestibile tramite posta, telefax e telefono: negli anni '50 venivano scambiate più di 350'000 azioni all'anno negli Stati Uniti, un numero che raggiunse presto i 2 miliardi alla fine degli anni '60. Nacquero, infatti, i primi **computer interconnessi**, i quali erano in grado di scambiare dati legati alle transazioni di capitali attraverso dei mercati (più o meno) regolamentati.

Un passo importante verso la digitalizzazione del trading si ebbe negli anni Settanta, quando il Congresso statunitense decise di **eliminare la tassa**

---

[1] Il **SAGE** era un sistema informatico molto innovativo, il quale operava tramite un computer e veniva gestito in tempo reale grazie all'utilizzo di un modem. Esso viene considerato uno dei più rivoluzionari ed estesi sistemi informatici mai sviluppati dall'uomo, il quale venne utilizzato fino agli anni '80.

di negoziazione per accedere al mercato, in modo da facilitare la concorrenza nel settore finanziario. Fino a quel momento, infatti, accedere alla Borsa era una prerogativa dei più ricchi, per via dei costi alti imposti dalla tassa. Con l'eliminazione della tassa, tutti poterono accedere ai mercati. Nacquero così tantissime società finanziarie di piccole dimensioni, spesso truffartici, che garantivano guadagni elevati alle classi popolari, approfittando dell'ignoranza e dell'ingenuità delle persone. Nel giro di poco tempo, la Borsa venne presa dall'assalto dal capitale "popolare". Le piccole società finanziarie diventarono sempre più accessibili e iniziarono a offrire i propri servizi tramite il **computer**. I primi servizi online di massa erano ancora basati su circuiti chiusi, perciò non utilizzavano Internet.

Un'altra spinta verso la digitalizzazione del trading si ebbe sempre in quel periodo, quando il Governo statunitense decise di rendere più efficiente il circuito di scambio dei titoli presenti nei mercati *Over-The-Counter* (OTC), cui negoziazione avveniva al di fuori dei circuiti borsistici ufficiali (argomento del capitolo 3). Pertanto, incaricò il **NASD** (*National Association of Securities Dealers*), l'organizzazione di autoregolamentazione del settore dei titoli, di creare un **sistema avanzato di quotazione di titoli**. Così, nel 1971 nacque il **NASDAQ** (*National Association of Securities Dealers Automated Quotation*), il **primo mercato**

borsistico elettronico, essendo costituito da una rete di computer.

Grazie alla normativa favorevole, ma anche alla presenza di diversi intermediari finanziari, tecnologie informatiche avanzate e reti economiche, iniziò a farsi strada il trading online, così come lo conosciamo oggi. Inizialmente, il trader comunicava l'ordine al broker tramite il telefono, il quale lo inseriva manualmente sul suo computer e lo inviava alla Borsa. Poi, incominciò a comunicare l'ordine al broker tramite il computer attraverso delle reti chiuse, il quale lo inseriva manualmente e lo inviava alla Borsa. Sono negli anni Novanta arrivò la vera svolta: **Tim Barners Lee**, informatico britannico, sviluppò il **World Wide Web**, più comunemente conosciuto come **Web**, un sistema che permetteva di utilizzare Internet in modo semplice e intuitivo. In particolare, il Web consentiva alle persone di navigare su Internet e accedere a vastissimi contenuti multimediali attraverso **link** (collegamenti ipertestuale) e servizi accessibili a tutti. L'accesso alle informazioni era favorito dalla presenza di motori di ricerca e *browser*, inseriti nel *client-server*, un sistema di rete. In un batter d'occhio il Web si espanse, passando da un unico sito a centinaia di migliaia di siti, per lo più commerciali. Grazie alla presenza di una rete pubblica a basso costo molti broker online iniziarono a offrire servizi di trading innovativi e all'avanguardia, soprattutto dopo l'introduzione dell'**ADSL** (*Asymmetric* *digital subscriber line*), la connessione a banda larga fornita dalle aziende di telecomunicazioni. Da quel momento in poi il fenomeno si espanse in tutto il mondo.

In Italia il trading online iniziò a diffondersi a partire dal 1996, a pari passo con la digitalizzazione della Borsa. Nel 1993 la Borsa Italiana consentì alle **SIM** (*Società di Intermediazione Mobiliare*)[2] di connettersi non solo dai terminali, ma anche da altri elaboratori informatici. In questo modo, potevano effettuare delle trascrizioni automatiche dei dati nei sistemi contabili. Due anni dopo nacque il **DirectaSim**, il primo operatore italiano che offriva una piattaforma di trading online. Tuttavia, è solo dalla seconda metà del 1999 che i broker online iniziarono a moltiplicarsi e competere tra loro, offendo delle commissioni sempre più economiche e dei servizi sempre più efficienti: la CONSOB emanò il **Nuovo Regolamento di attuazione del Testo Unico dei mercati finanziari**, il quale regolamentava gli aspetti salienti del trading online. Quando scoppiò la **Bolla delle dot-com** (in inglese *Dot-com Bubble*) all'inizio del 2000, la crescita del

---

[2] Le **SIM**, o **Società di Intermediazione Mobiliare** sono delle entità che hanno sostituito i vecchi agenti di cambio, iscritte in un apposito albo tenuto dalla CONSOB. Insieme alle altre imprese di investimento e alle banche, a loro è riservato l'esercizio professionale dei servizi di investimento nei confronti del pubblico. Le SIM possono operare nei mercati regolamentati italiani, nei mercati comunitari e nei mercati extracomunitari riconosciuti dalla CONSOB.

trading online subì una brusca frenata. La Bolla delle dot-com rimane una delle bolle speculative più grandi di sempre, insieme a quella dei tulipani avvenuta nel Seicento (la cosiddetta "tulipomania") e quella del 24 ottobre 1929[3]. Benché le capacità dei trader vennero messe alla prova, quelli più esperti riuscirono a cavarsela. Dopo alcuni anni di mercato laterale[4], nacque il mercato del Forex (*Foreign Exchange*), il mercato valutario, mentre nel 2003 vennero offerti i primi servizi di trading online mobile. Man mano che il mercato si consolidò, i broker iniziarono a fornire **corsi di formazione** sul trading online e anche un'**assistenza operativa** efficiente. Tuttavia, tra il 2006 e il 2008 molte società di trading online italiane furono costrette a chiudere, a causa di tre fattori principali: le imposizioni della Banca d'Italia (la quale costrinse i broker online che operavano sul Forex di diventare delle SIM o delle banche), l'attuazione della

---

[3] Il **24 ottobre 1929**, conosciuto come "giovedì nero", si verificò una delle più gravi crisi economiche della storia, dovuta al crollo della Borsa di Wall Street. In quel giorno il mercato collassò e si palesò il fenomeno della bolla speculativa, che provocò il tracollo finanziario. La crisi del '29 fu il frutto di uno sviluppo asimmetrico tra l'economia statunitense, quella europea e la chiusura del mercato sovietico. Si era verificata una crisi di sovrapproduzione, la quale non era stata accompagnata da un aumento dei salari, con conseguente penalizzazione del potere d'acquisto della popolazione statunitense.

[4] Il **mercato laterale** si verifica quando il prezzo di una attività finanziaria si muove all'interno di un intervallo senza instaurare una tendenza stabile al rialzo o al ribasso.

MiFID[5] (la quale permetteva ai broker esteri che operavano sul Forex di entrare mercato italiano) e la crisi finanziaria del 2007-2008. Superata la crisi, diverse società finanziarie italiane si ripresero e, in generale, iniziò a diffondersi nuovamente la voglia di fare trading online tra le persone.

---

[5] La direttiva **MiFID** (*Markets in Financial Instruments Directive*) ha disciplinato dal 31 gennaio 2007 al 2 gennaio 2018 i mercati finanziari dell'Unione europea. Dal 3 gennaio 2018 è entrata in vigore in tutta l'Unione la nuova direttiva MiFID II, la quale ha preso il posto della precedente regolamentazione europea (MiFIR).

Capitolo 2
LA PSICOLOGIA DEL TRAIDER

Cos'è il mindset?

Nel capitolo precedente abbiamo parlato del significato del trading online, delle sue caratteristiche principali e della sua storia. Adesso approfondiremo un aspetto fondamentale del trading online, che influisce sulle prestazioni di qualsiasi trader, ossia il *mindset*. La parola *mindset*, in italiano "mentalità", è il modo di intendere, concepire e giudicare l'ambiente circostante. Può coinvolgere un singolo individuo, ma anche un gruppo sociale o un popolo intero. È la nostra **visione del mondo**, la nostra predisposizione mentale, l'approccio che adottiamo nei confronti della vita. La mentalità è il prodotto delle nostre **credenze** più profonde, delle nostre convinzioni che vengono date per certe, ma che non sempre si fondano su verità comprovate. Le nostre credenze sono così potenti che, quando viene alterata la loro struttura, cambia anche la nostra percezione della realtà. La nostra mentalità influenza tutte le azioni e le scelte che compiamo quotidianamente. Possiamo ritrovare l'essenza del significato di *mindset* nelle parole del padre dell'indipendenza indiana, **Mahatma Gandhi**: "Le tue credenze diventano i tuoi pensieri, i tuoi pensieri diventano le tue parole, le tue parole diventano le tue azioni, le tue azioni diventano le tue abitudini, le tue abitudini diventano i tuoi valori, i tuoi valori diventano il tuo destino".

Esistono delle caratteristiche che accomunano tutti i mindset?

Secondo lo scrittore **David Gray** sì. Nel suo libro *Liminal Thinking: Create the Change You Want by Changing the Way You Think* (Two Waves Books, 2016), Gray spiega che ogni *mindset* possiede otto caratteristiche comuni a tutti gli altri. Vediamole una ad una.

1. Il *mindset* è **unico**

Ogni persona sviluppa delle credenze e delle abitudini proprie, che sono diverse dagli altri. Pertanto, per quanto alcuni *mindset* si possano somigliare, non saranno mai completamente identici.

2. Il *mindset* è un **modello imperfetto della realtà**

Il *mindset*, come abbiamo detto in precedenza, è la nostra predisposizione mentale: la nostra mente riceve le informazioni provenienti dall'esterno e riproduce una nuova realtà più semplice e chiara ai nostri occhi.

3. Il *mindset* si crea con l'**esperienza**

Il *mindset* si modella sulle idee, opinioni e giudizi formatisi con le nostre esperienze passate.

4. Il *mindset* comporta delle **azioni**

il *mindset* rispecchia l'identità dell'uomo, il suo IO più profondo, perciò condiziona tutti gli aspetti della sua vita, persino le azioni che vengono intraprese.

5. Il *mindset* ricrea dei **mondi individuali**

il *mindset*, essendo formato dall'insieme delle nostre credenze, favorisce una rappresentazione della realtà e del mondo personale.

6. Il *mindset* crea delle **bolle logiche**

La mente è alla continua ricerca di conferme per convalidare le sue credenze. In psicologia, questa inclinazione viene chiamata "pregiudizio di conferma".

7. Il *mindset* crea dei **punti ciechi**

Il *mindset* pone dei limiti alla nostra conoscenza e comprensione della realtà: è come un filtro che trattiene tutte le opportunità esistenti e lascia passare solo quelle che conosce.

8. Il *mindset* può **essere cambiato**

Ogniqualvolta avviene un'apertura mentale, l'uomo diventato vulnerabile in uno spazio ignoto, ed è proprio in quello spazio che si insinua il cambiamento.

La mentalità di crescita

Gli 8 principi di Grey fanno emergere due verità fondamentali: la prima è che le nostre convinzioni, che siano consce o subconscie, influenzano fortemente ciò che desideriamo e il modo in cui cercheremo di ottenerlo; la seconda è che, benché non sia semplice, è possibile modificarle. Ciò significa che, con gli strumenti adeguati e l'atteggiamento giusto, tutti possono cambiare la propria mentalità e avvicinarsi a quella che più si adatta al trading online.

Ma quel è, quindi, la mentalità corretta?

Il nostro atteggiamento mentale ha un impatto sulle decisioni che prendiamo quando facciamo trading sia che si tratti di trading discrezionale, sia di trading sistematico: il primo si basa sull'abilità del trader di elaborare le informazioni disponibili e verificarne la qualità, poiché i criteri di valutazione delle variabili cambiano nel tempo, così come le variabili stesse; il secondo, invece, si basa su dati definiti a priori, su regole precise che suggeriscono al trader quali posizioni aprire, il timing da considerare e la strategia da adottare.

Per riuscire ad affrontare il trading online nel migliore dei modi, è necessario adottare una **MENTALITÀ DI CRESCITA**, ossia una mentalità che non considera gli ostacoli come dei limiti, ma piuttosto come delle sfide, dei trampolini di lancio verso il successo. **Carol Dweck**, psicologa e docente universitaria statunitense, sostiene che esistano due tipologie generali di *mindset*: il ***fixed mindset***, o **mentalità fissa**, e il ***growth mindset***, o **mentalità crescita**. Secondo Dweck, la visione che abbiamo di noi stessi non è altro che il prodotto di ciò che siamo e facciamo. La nostra intelligenza e personalità non sono immutabili, anzi, possono evolversi nel tempo. Una persona con una **mentalità fissa** crede che le proprie qualità non possano cambiare, di conseguenza sarà portata a dimostrare agli altri – e a sé stessa – che ciò che pensa e crede sia l'unica verità attendibile. Questo atteggiamento la renderà schiava dei propri pensieri, tanto che non riuscirà ad ammettere e imparare dai suoi errori. Nel suo libro *Mindset: The New Psychology of Success* (Ballantine Books, 2007), la psicologa scrive:

"I've seen so many people with this one consuming goal of proving themselves— in the classroom, in their careers, and in their relationships. Every situation calls for a confirmation of their intelligence, personality, or character. Every situation is evaluated: Will I succeed or fail? Will I look smart or dumb? Will I be accepted or rejected? Will I feel like a winner or a loser?"[6].

---

[6] "Ho visto così tante persone con questo obiettivo logorante di provare a sé stessi – in classe, nella loro carriera e nelle loro relazioni. Ogni situazione richiede una conferma della loro intelligenza, personalità o carattere. Ogni situazione viene valutata: riuscirò o fallirò? Sembrerò intelligente o stupido? Sarò accettato o rifiutato? Mi sentirò un vincitore o un perdente?"

Una persona con una **mentalità di crescita** crede, invece, che le sue capacità e convinzioni siano solo un punto di partenza e che possano essere migliorate con l'impegno e la costanza. Non sente il bisogno di dimostrare agli altri quanto siano giuste e corrette, perché è consapevole della possibilità di poterle cambiare. Questo atteggiamento porta la persona a sviluppare una forte passione per l'apprendimento e la creatività: le persone con una mentalità di crescita desiderano conoscere, provare e sperimentare tutto ciò che la vita ha da offrirle. Secondo Dwerk, chi possiede una mentalità di crescita vede il fallimento come un'esperienza dolorosa, ma essenziale per la propria crescita personale. I periodi più difficili della nostra esistenza sono anche delle opportunità per cambiare le carte in tavola ed evolversi. L'insuccesso non deve definire la nostra persona, anzi, deve aiutarci a imparare dai nostri errori, trarre degli insegnanti costruttivi e andare avanti per la propria strada.

Come si passa da una mentalità fissa ad una mentalità di crescita?

Cambiare mentalità non è affatto semplice. Tuttavia, possiamo avvicinarci il può possibile seguendo questi semplici passaggi.

1. **Riconoscere la plasticità cerebrale**

Il primo passaggio per cambiare la propria nostra è essere coscienti dell'esistenza della **plasticità**

cerebrale. A seguito di numerose ricerche scientifiche, i neuroscienziati hanno scoperto che il cervello si modifica nel tempo. Fino a circa vent'anni fa si credeva che i neuroni avessero un numero finito e che, arrivati ad una certa età (25 anni), il cervello iniziasse a deteriorarsi lentamente. Tuttavia, la plasticità cerebrale ci rivela il contrario: l'essere umano può sviluppare ulteriormente il cervello anche in età adulta. Sebbene possano verificarsi dei peggioramenti dovuti alla vecchiaia, si può comunque **allenare** il proprio cervello per cercare di contrastarli. Uno studio condotto su dei tassisti londinesi ha mostrato dei dati sorprendenti: essi avevano sviluppato più materia grigia nel loro cervello – in particolare, nell'area dell'ippocampo, sede della memoria temporale e spaziale – rispetto ai non tassisti e che essa contribuiva a semplificare l'orientamento all'interno della città. Inoltre, lo studio ha evidenziato che la materia grigia presente nel cervello cresceva in relazione al tempo trascorso alla guida. Lavorare come tassisti non solo ha portato a dei cambiamenti strutturali (aumento della materia grigia), ma anche funzionali (maggiore orientamento) nel loro cervello, rendendoli più efficienti nel loro mestiere.

2. Focalizzarsi sulla preparazione

Il secondo passaggio per cambiare la propria mentalità è **concentrarsi sulla preparazione e non sul risultato**. Secondo Dweck, per diventare delle persone migliori, dobbiamo focalizzarci sulla nostra preparazione e non sui risultati che raggiungiamo. Se iniziassimo a dire agli altri: "Hai studiato molto per l'esame e il tuo duro lavoro è stato ripagato!", piuttosto che: "Sei molto bravo, per questo hai ottenuto un ottimo voto!", allora metteremmo l'accento sulla loro preparazione, ossia qualcosa che possono controllare, e questo li porterebbe ad associare il risultato alla loro preparazione. In caso contrario, metteremmo l'accento solo sul loro risultato, ossia qualcosa che non possono controllare, e questo li porterebbe ad associare sé stessi al risultato, positivo o negativo che sia. Di conseguenza, se l'esame dovesse andare bene, si sentirebbero bravi, invece se dovesse andare male, si sentirebbero dei buoni a nulla. Non basta dire ad una persona che deve impegnarsi per far sì che cambi la sua mentalità, non è così semplice. Avrà bisogno di assimilare l'idea che i propri risultati dipendendo solamente dalla sua preparazione. Dunque, avrà bisogno di capire come creare il processo della sua preparazione, come modificarlo all'occorrenza e come generare dei risultati. Prendiamo un'attività in cui vorremmo diventare davvero bravi, per esempio la geografia. Prima di costruire il processo dobbiamo dotarci di un **diario**. Successivamente, dobbiamo stabilire il tipo di processo che intendiamo seguire, ossia le **fasi** del nostro studio, le quali devono essere quantificabili (rileggere gli appunti almeno una volta al giorno; fare gli esercizi tutti i giorni; consultarsi con il professore almeno per 20 minuti alla settimana). In questo modo non solo viene definito il processo, ma viene anche misurato, pertanto sarà più facile da osservare. Una volta costruito il nostro processo, dobbiamo decidere il risultato che desideriamo ottenere, un **target**. Quando il professore ci consegna il compito corretto, dobbiamo confrontare il risultato ottenuto con il target stabilito in precedenza. Se il risultato è uguale al target, significa che il nostro processo funziona e che può essere ottimizzato ulteriormente, così da raggiungere un risultato maggiore. Al contrario, se il risultato è più basso del target, significa che dobbiamo modificare il processo. Tenere un diario, creare un processo e, nel caso, ridefinirlo è un metodo efficace per cerare una mentalità di crescita, perché ci permette di accettare la **mutevolezza** del processo, cui risultati rappresentano solamente un indicatore della validità dello stesso. Il processo non coincide con la persona, è variabile. Pertanto, nel caso in un non dovesse funzionare, non dobbiamo gettare la spugna, dobbiamo solo modificarlo. Per farlo funzionare, possiamo chiedere un consiglio ai nostri pari o dalle persone più esperte, insomma, a qualcuno che è (o è stato) nella nostra stessa situazione.

3. Uscire dalla comfort zone

Il terzo passaggio per cambiare la propria mentalità è uscire dalla comfort zone, ossia scavalcare le mura che ci tengono al sicuro. Le persone che non vogliono lasciare la propria comfort zone credono che i propri risultati siano la conseguenza di un loro talento biologico. Il fatto, per esempio, di ottenere dei voti alti a scuola nonostante il modico impegno, fa credere loro di essere naturalmente intelligenti, ma non solo: di essere talmente intelligenti da non avere bisogno di creare un processo. Vedono solo il risultato e, perciò, si legano ad esso. Fin quando il risultato è positivo, continuano a ritenersi brave. Tuttavia, se iniziano ad arrivare dei risultati negativi, la loro autostima crolla e inizieranno a sentirsi stupide. Uscire dalla nostra comfort zone vuol dire rischiare, ma anche abituarsi allo stato di scompiglio e turbamento dei momenti di difficoltà. Solo così, scalvando quelle mura, possiamo raggiungere degli obiettivi sempre più importanti e proseguire la nostra scalata verso il successo.

Dunque, per creare una mentalità di crescita dobbiamo <u>credere che il cambiamento sia possibile</u>, <u>focalizzarci sulla nostra preparazione</u> e <u>uscire dalla nostra zona di comfort</u>. La mentalità di crescita è indispensabile quando abbiamo a che fare con il trading online. Quando si presenta un imprevisto sul mercato, le persone con una mentalità di crescita cercano di trovare una soluzione, senza arrendersi. Al contrario, le persone con una mentalità fissa si abbattono ed evitano di affrontare la situazione. Questo atteggiamento di rinuncia li porta a operare su mercati già conosciuti ed esplorati, a non osare mai. La nostra mentalità determina il nostro futuro. Adottare una mentalità di crescita non è qualcosa di immediato, anzi, "is a lifelong journey", come scrive Dwerk. L'importante è rimanere costanti e continuare a provarci.

La consapevolezza emotiva

Benché sia importante, la mentalità di crescita da sola non basta per avere successo nel trading online: dobbiamo imparare a controllare le proprie **EMOZIONI**. Come la mentalità, anche le emozioni influenzano i nostri processi decisionali e, soprattutto, le nostre prestazioni sul mercato. La maggior parte delle volte, infatti, prevale la nostra parte emotiva su quella razionale. Si può osservare questa tendenza nella politica, nello sport, ma anche nella vita quotidiana: quante volte ci capita di scegliere un prodotto solamente per le immagini sulla confezione, la pubblicità coinvolgente o lo scaffale sul quale è posizionato. Difficilmente ci prendiamo del tempo per analizzare con precisione le sue caratteristiche e valutare se sia effettivamente un buon prodotto. Quando ci interfacciamo con il mondo del trading online, scopriamo che il peso delle emozioni è incisivo: spesso l'andamento del mercato dipende da delle micro-dinamiche irrazionali o emotive dei singoli investitori e non da delle decisioni ragionate e logiche.

Le emozioni fanno parte della nostra vita, tuttavia, quando vengono assecondate eccessivamente, possono incidere negativamente sul nostro benessere e, nel caso del trading, anche sul nostro conto in banca. Per questo motivo, è importante imparare a riconoscerle e riuscire a gestirle. L'emozione è una **risposta fisiologica e psicologica** del nostro organismo a degli stimoli esterni o interni (ricordi, pensieri e immagini mentali). È una reazione naturale al cambiamento che avviene all'interno o all'esterno del nostro corpo. L'emozione ha dei tempi di attivazione molto rapidi: si genera, ci comunica qualcosa e poi svanisce. Essa, come la sensazione, provoca un'alterazione momentanea dell'umore, la quale però risulta molto più intensa. Invece, se si protrae nel tempo, si trasforma in un sentimento o in uno stato d'animo. L'essere umano si differenzia dagli altri animali per la sua intensa attività emotiva che lo accompagna per tutta la sua vita. Le emozioni che proviamo ogni giorno sono numerose e possono essere più o meno articolate. Nei suoi studi, lo psicologo statunitense **Paul Ekman** individuò 6 **emozioni primarie**, che sorgono al momento della nascita: la paura, il disgusto, la rabbia, la sorpresa, la gioia e la tristezza. Sempre lo stesso Ekman, insieme ad altri studiosi, scoprì anche la presenza di **emozioni complesse**, che si creano dalla combinazione di più emozioni primarie e non e si sviluppano con la crescita e l'interazione sociale: la gelosia, l'invidia, la speranza, il rimorso, l'allegria, la nostalgia, l'ansia, la vergogna, la rassegnazione, l'offesa, la delusione e molte altre ancora. Esistono delle emozioni che meno gradevoli di altre, come la rabbia, la paura, la tristezza e la colpa, e spesso quando affiorano offuscano la nostra mente. Tutto viene compresso: i nostri pensieri, le nostre azioni e persino la considerazione che abbiamo di noi stessi. Quando, per esempio, un'operazione di trading non va per il verso giusto e percepiamo la sconfitta, si genera immediatamente una reazione naturale: ci sentiamo tristi o delusi. Dopo un insuccesso e, nel caso specifico, di una perdita, è inevitabile che affiori un'emozione di questo tipo. Per cercare di arginarla potremmo <u>limitare le nostre azioni</u> oppure <u>fuggire via</u> da essa. Tuttavia, non dobbiamo essere dei geni della finanza per comprendere l'inefficacia di entrambe le soluzioni. Se limitassimo le nostre azioni, rimarremmo prigionieri della nostra comfort zone: la comfort zone ci fa sentire al sicuro e in salvo, tuttavia, ci impedisce di progredire. Invece, se cercassimo di allontanare le emozioni, potremmo andare incontro al rischio prendere delle decisioni affrettate e impulsive, quindi molto pericolose. Ad esempio, potremmo buttarci in altre operazioni sperando di recuperare velocemente quanto perduto, esponendoci ad un rischio alto. L'unico comportamento che possiamo adottare quando c'è di mezzo un'emozione è il **confronto**. Dobbiamo capire di cosa si tratta, affrontarla e accettarla.

Prima di parlare di come gestire le nostre emozioni, dobbiamo comprenderne il valore. Le emozioni non sono solamente degli impulsi, ma delle **informazioni indispensabili**. Le emozioni sono un tassello essenziale per il funzionamento del nostro organismo, poiché favoriscono il suo adattamento all'ambiente circostante. Se prendiamo in mano un frutto marcio, per esempio, si genera immediatamente l'emozione del **disgusto**, che ci convince a non mangiarla, perché potrebbe essere nociva per la nostra salute. Il disgusto è una risposta semplice e veloce che ci avverte di una possibile intossicazione del nostro corpo. Allo stesso modo, se vediamo un animale feroce, si genera immediatamente l'emozione della **paura**, che ci avverte di un pericolo imminente e innesca una reazione istintiva di "attacco o fuga". Il luogo in cui nascono le emozioni è l'**amigdala**, un piccolo organo a forma di mandorla appartenente al lobo temporale e facente parte del cosiddetto sistema limbico. Il medico e neuroscienziato statunitense **Paul MacLean** introdusse la teoria del Cervello Tripartito (o *Triune Brain*), secondo la quale l'uomo, nel corso della sua evoluzione, ha sviluppato tre aree del cervello con delle funzionalità specifiche. L'area più antica dei tre cervelli è chiamata **cervello rettiliano**, cui funzioni principali sono la regolazione dei processi legati alla sopravvivenza, (come il metabolismo, il battito cardiaco e la pressione arteriosa), al corteggiamento, alla comunicazione sociale e all'autoaffermazione. Esso è formato da tronco encefalico e cervelletto. L'area "emotiva" dei tre cervelli è chiamata **sistema limbico**, cui funzione principale è la regolazione dell'alimentazione, dell'attacco e della fuga. Esso è formato dall'ippocampo, dal fornice, dal setto, dal giro del cingolo, dai corpi mammillari e dall'amigdala. L'area più giovane e razionale dei tre cervelli è chiamata **corteccia cerebrale**, cui funzione principale è la regolazione i processi mentali superiori. Essa è formata dalla neocorteccia e dalla paleocorteccia.

Ovviamente, non possiamo agire contro un sistema così sofisticato e complesso come quello delle emozioni, poiché ha lo scopo di tutelare la sopravvivenza e il benessere del nostro organismo. Tuttavia, possiamo diventare sempre più **consapevoli** della loro presenza e imparare ad accettarle. La **CONSAPEVOLEZZA EMOTIVA** è proprio la capacità di riconoscere e dare un nome alle emozioni che stiamo provando. Secondo gli psicologi **Richard D. Lane** e **Gary E. Schwartz**, è possibile esercitare la propria consapevolezza emotiva attraverso una serie di passaggi, riassunti nella **Levels of Emotional Awareness Scale (LEAS)**.

1. **Riconoscere la sensazione**

Il primo passaggio è cercare di percepire le alterazioni fisiologiche che stanno avvenendo nel nostro corpo una volta comparsa l'emozione (l'aumento della tensione muscolare e della sudorazione, la variazione del ritmo cardiaco e del ritmo del respiro, etc.).

2. **Riconoscere la risposta all'emozione**

Il secondo passaggio è chiedersi quale risposta ha generato l'emozione. Le emozioni sprigionano energia, la quale si traduce in azioni. È importante, quindi, percepire l'energia e l'impulso che ne consegue.

3. Riconoscere l'emozione

Il terzo passaggio è individuare l'emozione primaria, conferendole un nome. Dobbiamo chiederci, per esempio, se si tratta di rabbia, paura o tristezza.

4. Riconoscere ulteriori emozioni

Il quarto passaggio è capire se sono presenti altre emozioni oltre all'emozione primaria provata. Una volta riconosciuta l'emozione primaria dobbiamo assicurarci che non si celino altre emozioni connesse ad essa. Ad esempio, ci sono casi in cui la rabbia è accompagnata da frustrazione, delusione e tristezza. Non è un passaggio semplice, anzi è piuttosto difficile, poiché richiede più impegno e approfondimento.

Tutte le volte che emerge un'emozione positiva o negativa mentre facciamo trading dobbiamo prenderci un momento per capire di che cosa si tratti e quali stimoli l'hanno provocata. Non esiste una guida che sancisce quali siano le emozioni che dovremmo (o non dovremmo) provare in certe situazioni. Pertanto, qualsiasi risposta daremo sarà sempre corretta. Ognuno di noi percepisce il mondo in maniera diversa, così come le informazioni che provengono da esso. Quando riusciamo a definire l'emozione (o le emozioni) che stiamo provando, dobbiamo cercare di "restare" in essa: osserviamola, scrutiamola a trecentosessanta gradi e poi accettiamola. Non dobbiamo mai vergognarci di ciò che proviamo e nemmeno sentirci dei codardi se siamo spaventati: se durante un'operazione proviamo paura, significa che il nostro cervello interpreta quella situazione come **pericolosa**. Pertanto, sarà necessario capire cosa si cela dietro a quella particolare emozione e, in un secondo momento, accoglierla. Accettare l'emozione non solo ci aiuta a superare un momento di difficoltà, ma ci aiuta anche a prevenire **emozioni secondarie**, che possono contribuire a prolungare nel tempo il nostro malessere interiore. Immaginiamo, per esempio, di dover studiare per un compito di matematica e che, in prossimità della data dello stesso, iniziassimo a provare paura (emozione primaria). Se non vivessimo quell'emozione con **consapevolezza**, potrebbero emergere ulteriori emozioni, come l'angoscia, la frustrazione e la rabbia, che amplificano il senso di disagio e condizionano negativamente il nostro risultato finale. Se, invece, accettassimo l'emozione e la vivessimo con consapevolezza, non ne emergerebbero altre, perché la percepiremmo come una conseguenza "normale" dovua alla preparazione ad un compito. Ridurre la possibilità della nascita di emozioni secondarie non solo ci permette di focalizzarci sull'obiettivo, ma ci aiuta anche a studiare per il compito con maggiore tranquillità e motivazione.

Se ci sentiamo spaventati mentre portiamo a termine un'operazione, possiamo approfondire l'emozione che stiamo provando e domandarci quali rischi stiamo correndo, così da ottenere tutte le indicazioni per agire nella maniera più adeguata. Grazie ad una visione "informativa" delle emozioni, possiamo gestire le nostre operazioni di trading con maggiore **consapevolezza** e contribuire a rafforzare la nostra **mentalità di crescita**. Quando prendiamo delle decisioni, è importante osservare i dati e le statistiche disponibili, ma anche la nostra attività interiore, al fine intraprendere i percorsi che più ci rappresentano.

Gli ingranaggi mancanti

Senza la **mentalità di crescita** e la **consapevolezza emotiva** non è possibile avere successo nel trading online, perché altrimenti rischieremmo di fermarci alle prime difficoltà e di farci avvolgere dal vortice di emozioni che possono nascere in determinate situazioni. Esse sono le basi su cui si poggia l'interna psicologia del trader. Tuttavia, da sole non bastano per completare l'opera, sono necessari ulteriori "ingranaggi", quali la **conoscenza di sé stessi**, la **disciplina**, la **flessibilità**, il **piano di trading da seguire** e il **registro di trading**. Vediamoli uno ad uno.

- **Conoscenza di sé stessi**

Per sviluppare una psicologia orientata al trading online dobbiamo individuare i tratti della nostra **personalità**: dobbiamo capire se prevalgono delle tendenze più razionali o, al contrario, più impulsive e agire di conseguenza. È facile farsi prendere dalle emozioni in un momento di tensione e, se ciò dovesse accadere durante alcune operazioni di trading piuttosto importanti, rischieremmo di fare delle scelte avventate che hanno poco supporto analitico. Quindi, se notiamo delle tendenze irrazionali mentre facciamo trading, dobbiamo iniziare ad affrontare le singole situazioni con maggiore consapevolezza emotiva. Oltre alle nostre tendenze, dobbiamo identificare (e, nel caso, eliminare) i nostri **pregiudizi** verso il trading online. I pregiudizi sono delle idee o opinioni concepite "sulla base di convinzioni personali e prevenzioni generali, senza una conoscenza diretta dei fatti, delle persone, delle cose, tale da condizionare fortemente la valutazione, e da indurre quindi in errore" (Dizionario Treccani). Per loro natura, i pregiudizi sono infondati e nascono da inclinazioni immotivate. Pertanto, è importante riconoscere i nostri pregiudizi prima ancora di aprire o chiudere un'operazione. Nel trading online possiamo ritrovare cinque tipologie di pregiudizi: 1) il **pregiudizio di replica**, ossia l'attitudine a riproporre le operazioni vincenti precedenti (non bisogna mai dimenticare che ogni operazione è a sé e va affrontata tenendo conto delle condizioni attuali); 2) il **pregiudizio di conferma**, ossia l'attitudine a cercare dati e statistiche che confermano le nostre convinzioni, che spesso comporta il rifiuto delle informazioni che le smentiscono; 3) il **pregiudizio di negatività**, ossia l'attitudine a guardare i lati negativi dello scambio (non bisogna mai dimenticare che, a volte, basta modificare leggermente la propria strategia, piuttosto che scartarla totalmente); 3) **il pregiudizio dello status quo**, ossia l'attitudine a utilizzare solo vecchie strategie piuttosto che esplorarne di nuove, senza verificare se siano ancora attuabili sul mercato corrente; 5) il **pregiudizio del giocatore d'azzardo**, ossia l'attitudine a pensare che, se il mercato è al rialzo, allora continuerà a crescere, senza tenere conto della volatilità dello stesso e delle frenate che può subire.

- **Piano di trading da seguire**

Redigere un **piano di trading** è essenziale per poter raggiungere i propri obiettivi. Un piano di trading non solo ci aiuta a seguire una strategia, ma ci consente anche di gestire meglio il tempo, il capitale e il rapporto rischio-rendimento. Un piano di trading potrebbe prevedere, per esempio, un'ora di studio al giorno e l'impiego del 10% del nostro capitale disponibile. Se seguiamo le regole stabilite dal nostro piano di trading, possiamo ridurre al minimo le perdite e limitare l'effetto delle nostre emozioni sulle operazioni. Il piano di trading deve considerare anche i nostri fattori individuali (come i tratti della nostra personalità e i pregiudizi), in modo tale da definirli ancora prima di iniziare a fare trading. La mancanza di un piano di trading ci porta a improvvisare l'entrata e l'uscita dal mercato, oltre a mandarci in confusione qualora il mercato dovesse andare contro la nostra posizione.

- **Disciplina**

La **disciplina** è fondamentale per intraprendere qualsiasi percorso di trading online. La disciplina rappresenta il ponte che collega il pensiero di fare qualcosa al suo compimento effettivo. È il collante che unisce la mera aspirazione (il profitto) al risultato (l'ottenimento del profitto). Come abbia visto in precedenza, se agiamo sulla base delle nostre emozioni, possiamo compromettere la buona riuscita delle nostre operazioni e, nei casi più gravi, perdere il capitale investito. Per questo motivo, dobbiamo essere disciplinati, seguire il nostro piano di trading e avere fiducia nella nostra analisi di mercato.

- **Flessibilità**

Non esistono due giorni perfettamente uguali sui mercati e, sebbene sia essenziale avere un piano di trading, non è detto che la stessa strategia porti a stessi dei risultati identici. Sicuramente ci sono delle tendenze che si ripetono nel tempo, tuttavia, i mercati cambiano in continuazione e, perciò, richiedono una certa **flessibilità**. La flessibilità non solo ci aiuta a limitare gli effetti delle nostre emozioni, ma ci consente anche di escludere alcuni pregiudizi, come quelli di replica e di status quo. I mercati si muovono in maniera imprevedibile, soprattutto quando aumenta la volatilità. Di conseguenza, in un momento di incertezza, è importante sospendere la nostra attività di trading finché non avremo compreso la situazione, al posto di reagire impulsivamente. La flessibilità ci permette di valutare ogni situazione razionalmente e di agire seguendo un filo logico.

- **Allontanamento in caso di vittoria e sconfitta**

Quando subiamo una perdita consistente non dovremmo precipitarci in un'altra operazione nel tentativo di recuperare il capitale perduto, ma piuttosto prenderci una **pausa**, raccogliere i propri pensieri e "ricomporci". I trader migliori si prendono del tempo per interiorizzare la sconfitta e capire cosa sia andato storto, in modo da trovare l'errore commesso e non ripeterlo in futuro. In sostanza, cercano di trasformare le loro perdite in occasioni di apprendimento. Anche nel caso di guadagni massicci, sarebbe meglio interrompere momentaneamente l'attività di trading. Una serie di vittorie o una vittoria particolarmente importante potrebbero farci sentire invincibili e, di conseguenza, potremmo buttarci in altre operazioni senza un'analisi opportuna. L'euforia può essere pericolosa quanto la rabbia durante la nostra permanenza sui mercati, pertanto è preferibile staccare per qualche ora prima di riprendere in mano le nostre operazioni.

- **Registro di trading**

Il **registro di trading** ci permette di annotare tutte le perdite e i guadagni che abbiamo fatto, le emozioni che abbiamo provato, ma non solo: esso può aiutarci a sviluppare tutti e cinque i punti riportati in precedenza, perché ci consente di monitore le nostre scelte e di osservarne le conseguenze, sia positive che negative. Con un registro di trading, infatti, possiamo tenere sotto controllo tutta la nostra attività e confrontare l'andamento delle nostre operazioni.

Capitolo 3
GLI ELEMENTI DEL TRADING ONLINE

L'attrezzatura

Nel capitolo precedente abbiamo parlato della psicologia ideale per fare trading online, quindi della mentalità di crescita, della consapevolezza emotiva e di tutti quegli "ingranaggi" che completato l'opera. In questo, invece, andremo a vedere gli **ELEMENTI FONDAMENTALI**, ossia tutti quegli aspetti che dobbiamo considerare quando ci interfacciamo con il trading online, partendo dall'**attrezzatura**. Per fare trading abbiamo bisogno del computer (*hardware*), del sistema operativo e delle piattaforme (*software*) e di una connessione Internet. Vediamoli uno ad uno.

In informatica, la parola ***HARDWARE*** (ferramenta" o "materiale fisico") indica l'insieme dei materiali non modificabili di un sistema di elaborazione dati. In sostanza, rappresenta tutta la parte "fisica" del computer. Per fare trading online e, quindi, per operare in Borsa dobbiamo avere un ***personal computer*** (PC) fisso o portatile. Il PC ideale possiede un processore Intel i5, i7 o equivalente (sebbene un i3 sia sufficiente per iniziare), una memoria RAM di 8 Gb (*Gigabyte*), un hard disk ("disco rigido") di 500 Gb o 1 Tb (*Terabyte*) e una scheda video XGA. I trader più esperti, in particolare quelli che fanno operazioni giornaliere, si dotano di più **monitor** collegati tra loro, per controllare i diversi mercati simultaneamente, e di **gruppi di continuità (UPS)**, degli apparecchi che si inseriscono via cavo tra il PC e la rete, per garantire loro funzionamento anche nel caso di sbalzi o interruzioni di rete. Nel gli ultimi anni diversi broker online hanno creato delle piattaforme accessibili anche dai dispositivi mobili, ossia dai **tablet** e dagli **smartphone**. Tuttavia, non possiamo considerarli dei veri sostituti del PC, per via della limitata capacità di elaborazione, delle dimensioni dello schermo schermi e della connessione piuttosto instabile. Essi sono utili in affiancamento, per esempio, quando dobbiamo spostarci o non abbiamo la possibilità di accedere al PC.

Se l'*hardware* è il "corpo" del computer, il ***SOFTWARE*** è la sua "mente". Per fare trading online, abbiamo bisogno di tre tipi di *software* differenti:

- il **sistema operativo**: tutti i programmi sono basati su un sistema operativo; il più diffuso è **Windows**, tuttavia, alcune piattaforme operative permettono l'accesso anche tramite **Linux** e **MacOS**;
- la **piattaforma operativa**: la piattaforma operativa non è altro che è il programma che viene fornito dal broker per negoziare gli strumenti finanziari; normalmente, i broker online offrono delle piattaforme "proprietarie", ossia sviluppate interamente o in parte, le quali sono ricche di funzioni e possono essere integrate con software minori;
- i **programmi complementari**: esistono svariati programmi complementari che hanno delle funzioni differenti; alcuni consentono di elaborare i dati di Borsa, altri di identificare i *pattern*, altri ancora di scaricare i dati su un foglio Excel; ce ne sono di tutti i tipi, pertanto dobbiamo esaminarli per bene rima di installarli sul nostro PC.

Per fare trading online dobbiamo avere una buona **CONNESSIONE INTERNET**, fornita da un operatore conosciuto, stabile e affidabile. All'inizio basta una connessione in ADSL o in fibra ottica da 10 Mbps (*Megabyte per second*), tuttavia, con il tempo e l'esperienza avremo bisogno di una connessione sempre più veloce, che raggiunga anche i 20/30 Mbps. Ovviamente, le velocità si riferiscono al *download*, ossia quella dei dati che riceviamo e non all'*upload*, ossia quella dei dati che trasmettiamo. La seconda è sempre più bassa rispetto alla prima, perché è quella meno utilizzata. Con l'avvento del **Wi-Fi** è sempre più facile fare trading un po' ovunque, senza rimanere legati ad una postazione fissa.

Il capitale e il tempo a disposizione

Quando si fa trading, l'obiettivo principale è ottenere un profitto e, quindi, aumentare il proprio **CAPITALE** iniziale. Il capitale è un elemento chiave del trading online, senza il quale non potremmo iniziare l'attività. In linea di massima, non dovremmo mai investire più del 50% del nostro capitale. Questo perché, soprattutto all'inizio, l'investimento deve interessare un capitale che possiamo "permetterci di perdere" e, quindi, che non gravi sulla nostra condizione economica. Ovviamente, prima di investire dei soldi "veri", dobbiamo esercitarci e fare pratica **in demo**, la realtà virtuale che simula i mercati finanziario. Quando ci approcciamo per le prime volte al trading online, possiamo commettere numerosi errori, soprattutto per via della nostra inesperienza. Se operiamo in demo, questi errori non costano, perché i soldi investiti sono finti, possiamo provare e riprovare senza avere paura di perdere tutto ciò che abbiamo. Nel mercato reale, invece, anche un singolo errore può costarci centinaia di euro. Dunque, nei primi mesi dobbiamo fare pratica in demo e, solo successivamente, quando ci sentiamo pronti e sicuri, possiamo passare al mercato reale, investendo progressivamente il nostro capitale. Solo così, agendo con cautela e per gradi, possiamo imparare a gestire meglio la componente emotiva, sviluppare un proprio metodo efficace e comprendere come funzionano i mercati.

Anche il **TEMPO** è un elemento chiave del trading online, perché determina il tipo di trading che andremo a fare. Possiamo distinguere due categorie di operazioni, le operazioni *intraday* (nella giornata) e le operazioni *multiday* (su più giornate), ognuna delle quali prevede due tipologie di trading possibili. Per quanto riguarda le operazioni *intraday*, avremo lo *scalping* **trading** o il *day* **trading**:

- lo *scalping* **trading**: è un tipo di trading online che prevede l'acquisto e la vendita di un *asset* finanziario nel giro di pochi minuti, che punta al profitto dalle minime variazioni di prezzo; come si può intuire è un trading molto aggressivo, che richiedere tempo e una buona capitalizzazione;
- il *day* **trading**: è un tipo di trading online che prevede l'acquisto e la vendita di un *asset* finanziario nell'arco della giornata; è un trading che richiede tempo, tuttavia, non necessita la presenta continua sui mercati; è possibile, infatti, allontanarsi dalla postazione fino a quando non decidiamo di chiudere l'operazione.

Per quanto riguarda le operazioni *multiday*, avremo lo *swing* **trading** o il *position* **trading**:

- lo *swing* **trading**: è un tipo di trading online che prevede l'acquisto e la vendita di un *asset* finanziario nel giro di qualche giorno; le posizioni possono rimanere aperte per una settimana o anche per due/tre mesi; è un trading

che non richiede molto tempo, in quanto si possono osservare i mercati anche quando sono chiusi;
- il *position* **trading** (o trading di lungo termine) è un tipo di trading online che prevede l'acquisto e la vendita di un *asset* finanziario nel giro di mesi e persino qualche anno. È un trading che richiede pochissimo tempo durante il giorno, giusto quello per controllare che tutto vada bene.

Si può intraprendere un percorso di *scalping* trading, che richiede più tempo, energia e preparazione, così come un percorso di *position* trading, che richiede meno tempo, dedizione e vincoli durante la giornata. Tutto dipende dalle nostre esigenze e, soprattutto, dal tempo che abbiamo a disposizione. Lo *scalping* trading e il *day* trading non sono adatti a coloro che possiedono un altro lavoro a tempo pieno, pertanto dovranno valutare un trading meno impegnativo e che può essere svolto con meno regolarità, come lo *swing* trading e il *position* trading. All'inizio, ogni una persona dovrebbe partire da un trading più soft e delle operazioni *multiday*, per poi piano piano, con la pratica e l'esperienza, passare ad un trading più frenetico e delle operazioni *intraday*. Questo perché le operazioni *intraday* richiedono un impegno economico e psicologico maggiore, che solo i trader esperti riescono a sostenere. Più ci avviciniamo alle operazioni *intraday*, più il lavoro diventa stressante: non solo aumentano le difficoltà e le competenze richieste (le dinamiche e gli strumenti utilizzati diventano più complessi), ma anche l'impatto emotivo. Come abbiamo visto in precedenza, le emozioni condizionano i nostri pensieri e le nostre decisioni continuamente. Quando abbiamo poco tempo a disposizione per decidere, la paura di perdere da una parte e il desiderio di vincere dall'altra potrebbero farci agire in maniera impulsiva e precipitosa. Magari, continueremo a operare nel mercato, sebbene manchino le condizioni favorevoli, e finiremo per vedere il nostro conto prosciugato entro la fine della giornata. Invece, quando optiamo per delle operazioni di medio e lungo termine, delle operazioni *multiday*, ciò non accade, perché abbiamo il tempo di osservare l'andamento del mercato (anche a mercati chiusi) e procedere con le dovute analisi. Possiamo guardare più titoli, metterli a confronto, valutare il rischio e il rendimento e, solo se lo riteniamo opportuno, aprire una posizione. In ogni caso, indipendente da quello che bisognerebbe o non bisognerebbe fare, dobbiamo optare la tipologia di trading che più ci appartiene, senza sentirci obbligati a sceglierne una piuttosto che un'altra.

Gli strumenti finanziari

Con il termine **STRUMENTO FINANZIARIO** si fa riferimento ai valori mobiliari, agli strumenti del mercato monetario (per esempio, buoni del tesoro, certificati di deposito e carte commerciali), alle quote di un organismo di investimento collettivo del risparmio e ai contratti su strumenti derivati (per esempio, contratti di opzioni e future). Lo strumento finanziario rappresenta, quindi, una forma di investimento di natura finanziaria. Nello specifico, è un contratto tra due parti: per il compratore esso rappresenta un *asset*, per il venditore una **passività**. Un *asset* è un'entità materiale o immateriale che può essere convertita o meno in un valore monetario. In poche parole, l'oggetto della nostra negoziazione. Gli strumenti finanziari si dividono in due categorie: gli strumenti finanziari non complessi e gli strumenti finanziari complessi. Gli strumenti finanziari non complessi includono le **azioni**, le **obbligazioni**, le **materie prime** e le **valute** e le **criptovalute**, mentre gli strumenti finanziari complessi includono i **Future**, le **Opzioni** e i **CFD**, i quali hanno la caratteristica di essere **derivati**. Per derivato si intende uno strumento finanziario che "deriva" il proprio valore da un altro *asset* finanziario detto **sottostante**. Viene utilizzato principalmente per garantire una copertura da un rischio finanziario (detta *hedging*), per arbitraggio (ossia l'acquisto di un prodotto in un mercato e la sua vendita in un altro mercato) e per speculare.

Adesso che abbiamo capito in termini generali cosa si intende per strumenti finanziari, andiamo ad analizzarli uno ad uno, partendo da quelli non complessi.

Azioni

Le azioni sono delle **quote societarie**, ossia dei titoli rappresentativi del capitale di una società. Se comprassimo 1000 azioni della Ferrari, per esempio, diventeremmo dei piccoli dei soci della stessa. L'acquisto di azioni ci consente di avere due tipi di diritti: a) <u>diritti amministrativi</u>, che ci permettono di partecipare alla vita della società, come alle assemblee e alla proposta dei candidati per gli organi di amministrazione; b) <u>diritti patrimoniali</u>, che ci permettono di ricevere una parte di utile generato dalla società (il dividendo). Il prezzo di un'azione riflette il valore complessivo conferito alla società: più il valore è alto, più il prezzo delle sue azioni salirà in Borsa. Se la società va bene e progredisce nel suo settore, i guadagni dei soci potrebbero essere potenzialmente infiniti. Ci sono delle azioni cui valore cresce notevolmente anche nel giro di qualche mese o, addirittura, settimana. Tuttavia, il rischio di comprare delle azioni rimane piuttosto elevato, poiché non viene garantita la restituzione del capitale investito e nemmeno un rendimento minimo annuo. In caso di fallimento, infatti, gli azionisti potrebbero perdere l'intero importo.

Obbligazioni

Le obbligazioni sono dei **titoli di debito** che attribuiscono all'acquirente il diritto al rimborso, alla scadenza, del capitale prestato all'emittente, che può essere una società o un ente pubblico, più un interesse (cedola) su tale importo. Le obbligazioni si distinguono in base a due variabili: alle **caratteristiche della cedola** e la **tipologia dell'emittente**. Per quanto riguarda la prima variabile, le obbligazioni possono essere:

- **a cedola fissa**: l'importo della cedola viene stabilito a priori e rimane sempre lo stesso per tutta la durata del titolo (es: il titolo di stato italiano decennale, il BTP[7]);
- **a cedola variabile**: l'importo della cedola non è fisso, può modificarsi durante la vita del titolo; le variazioni possono essere dovute ai tassi di interesse oppure all'inflazione[8];

---

[7] I **BTP** (*Buoni del Tesoro Poliennali*), sono una tipologia di buoni del tesoro con scadenza pari a 3, 5, 7,10, 15 e 30 anni, cui taglio minimo acquistabile è di 1000 euro. I BTP garantiscono all'acquirente delle cedole fisse, le quali vengono pagate semestralmente.

[8] L' **inflazione** è il processo di aumento generalizzato dei prezzi di beni e servizi, che comporta una diminuzione del potere d'acquisto della moneta. In Italia l'inflazione viene calcolata dall'Istat di anno in anno, il quale verifica il rialzo dei prezzi di un paniere (un insieme di beni e servizi) ritenuto rappresentativo dei consumi delle famiglie in un certo periodo.

- **Step-up o Step-down**: l'importo della cedola viene stabilito a priori, tuttavia può salire (per le Step-up) o scendere (per le Step-down) durante tutta la vita del titolo, seguendo regole concordate in precedenza.

Per quanto riguarda, invece, la seconda variabile, le obbligazioni possono essere:

- **sovranazionali**: sono titoli emessi da entità sovranazionali, come la BEI (*Banca Europea degli Investimenti*) o la Banca Mondiale con lo scopo di finanziare i progetti di sviluppo e sostenere le aree in difficoltà;
- **governative** (o titoli di Stato): sono titoli emessi da Stati Sovrani con lo scopo di finanziare le attività statali;
- **locali**: sono titoli emessi da Comuni, Regioni o Province con lo scopo di finanziare parte del loro bilancio (i cosiddetti Bond);
- **societarie** (o Corporate): sono titoli emessi da aziende (compresi gli istituti bancari) con lo scopo di finanziare la loro attività di impresa.

In generale, le obbligazioni non subiscono la stessa volatilità delle azioni sui mercati. Infatti, l'obbligazione è lo strumento finanziario ideale per chi desidera tutelare il proprio capitale investito. Tuttavia, esse hanno una limitata possibilità di guadagno e possono essere a rischio emittente. Nel caso in cui l'emittente si trovasse in difficoltà, potrebbe non rimborsare il capitale alla scadenza.

Sui titoli di Stato primari questa eventualità è piuttosto remota. In particolare, i titoli di Stato a cedola fissa sono sicuramente quelli più vantaggiosi in termini di sicurezza e prevedibilità (sia dei rendimenti che dei flussi).

Valute

La **valuta** non è altro che la moneta (come il dollaro americano o l'euro) in circolazione. Può essere utilizzata come unità di conto, riserva di valore e mezzo di scambio. La valuta non ha un valore reale di per sé, lo trae dalla sua generale accettabilità. Solitamente, essa viene fornita da un organismo pubblico, come una banca centrale. Le valute vengono utilizzate anche come strumento finanziario. I trader le negoziano sul **Forex** (*Forex Exchange*), il mercato più grande e liquido al mondo: ogni giorno avvengono transizioni per un totale di più di mille miliardi di dollari. Il meccanismo dietro allo scambio di valute è molto semplice: esso prevede la compravendita simultanea di valute, ossia viene comprata una certa quantità di una valuta (es. dollaro americano) e, contemporaneamente, viene venduta una determinata quantità di un'altra valuta (es. euro). Difatti, le valute vengono sempre scambiate **in coppia**. La prima valuta nella coppia è la **valuta base** (**USD**/EUR), mentre la seconda è la **valuta di quotazione** (USD/**EUR**). La valuta di quotazione rappresenta l'importo da pagare per acquistare un'unità della valuta base. Il tasso di cambio delle valute varia in virtù delle oscillazioni nella domanda delle valute di riferimento. Il nostro profitto si baserà, quindi, sulla mutabilità del tasso di cambio. Dobbiamo tenere a mente che il prezzo mostrato nei grafici del Forex indica sempre quello della valuta in quotazione. Le monete scambiate sul Forex sono tantissime, pertanto spesso facciamo fatica a riconoscerle. Tuttavia, possiamo riscostruire il loro nome osservando le sigle. Tutte le sigle sono formate da tre lettere: normalmente le prime due corrispondono al Paese, mentre l'ultima alla valuta (es. CAD deriva da CAnadian Dollar e JPY da JaPanese Yen). In questo modo, saremo capaci di individuare anche le valute minori o meno conosciute. Ci sono due attori che operano nel mercato delle valute:

- Coloro che vogliono tutelare le proprie attività, come banche e imprese commerciali;
- Coloro che vogliono speculare, generando profitti dai movimenti quotidiani dei tassi di cambio.

Dal 1970, quando sono stati eliminati i tassi di cambio fissi, il volume delle transazioni sul mercato valutario è aumento esponenzialmente. Tuttavia, solo negli ultimi anni si è stabilizzato: oggi lo scambio di coppie di valute viene considerata un'operazione finanziarie a tutti gli effetti, che permette di ottenere dei guadagni o delle perdite secondo le variazioni e le tendenze del mercato. Il mercato valutario non prevede l'utilizzo di azioni, bensì di strumenti finanziari derivati, come opzioni e swap[9]. La speculazione sul mercato valutario garantisce una certa liquidità. Essa può essere provocata da forti movimenti di alcune coppie di valute, a volte dovute a vere e proprie crisi economiche che necessitano dell'intervento delle banche centrali. Sicuramente, tra i vantaggi principali dell'utilizzo delle valute come strumento finanziario troviamo la facile accessibilità, la liquidità, la possibilità di vendere allo scoperto, la presenza di commissioni piuttosto basse e l'utilizzo della leva finanziaria. Tuttavia, come vedremo nel prossimo paragrafo, il Forex non è un mercato regolamentato, pertanto in caso di necessità non esiste un'autorità che possa intervenire.

Criptovalute

Il termine **criptovaluta** deriva dalla parola inglese *cryptocurrency* e si riferisce alla rappresentazione digitale della moneta. Le criptovalute utilizzano delle tecnologie di tipo *peer-to-peer* (p2p), cui nodi della rete risultano costituiti da computer di utenti di tutto il mondo. Attualmente non esiste un'autorità centrale che controlla e stampa le criptovalute: le transazioni e il rilascio delle monete avvengono collettivamente in rete, attraverso una

---

[9] Lo **swap** è uno strumento finanziario derivato che consiste di scambiare flussi di cassa tra due controparti, determinati dall'andamento di un sottostante. È utilizzato anche come strumento di copertura dei rischi da parte dalle banche, dalle imprese e dagli enti pubblici. Esistono varie tipologie di swap: swap di interessi, swap di valute, swap di commodities, swap di protezione dal fallimento di un'azienda.

gestione "decentralizzata" e crittografata. Nello specifico, le criptovalute possono essere generate dai **miners** ("minatori") grazie a software e computer avanzati. I *miners* non solo "minano" le monete, ma convalidano anche le transazioni e le raccolgono in blocchi volti a incrementare la **Blockchain**. La *Blockchain*, letteralmente "catena di blocchi", è il database delle transazioni finanziarie pubbliche. Per effettuare una transazione, dobbiamo utilizzare dei *wallet*, dei portafogli digitali. Ogni *wallet* possiede un indirizzo privato e può generarne uno pubblico. Bastano anche solo due *wallet* con un indirizzo pubblico per concretizzare una transazione. La *Blockchain* può essere modificata, tuttavia, proprio il sistema che le permette di funzionare, limita al massimo qualsiasi modifica: la stessa copia di una transazione può essere inviata a centinaia di migliaia di computer differenti, perciò se dovesse essere manipolata, i computer non la renderebbero possibile. La prima moneta virtuale, nonché quella più conosciuta e utilizzata, è il **Bitcoin** (BTC). Il Bitcoin è stato creato nel 2009 da uno o più *hacker* informatici, sotto lo pseudonimo di **Satoshi Nakamoto**, per sottrarre il potere alle banche centrali. Come per le altre criptovalute, il Bitcoin si basa su due principi: un network di nodi, cioè di computer, che lo gestiscono in modalità distribuita, e l'uso della crittografia per validare e rendere sicure le transazioni. I Bitcoin disponibili in rete sono 21 milioni, mentre quelli che sono stati "minati" e sono effettivamente in circolazione sono quasi 19 milioni. Il Bitcoin è passato da valere 0 a più di $50'000 nei primi mesi del 2021. Per acquistare Bitcoin dobbiamo aprire un conto virtuale e collegarci a uno dei numerosi siti che offrono la valuta virtuale in cambio di denaro. I Bitcoin possono essere scambiati o spesi, perché sono accettati da numerose attività commerciali, sia virtuali che fisiche. L'Unione Europea, grazie alla Direttiva 2018/843 del Parlamento Europeo, ha riconosciuto ufficialmente le criptovalute, salvo che tutti i provider di servizi di portafoglio digitale svolgano dei controlli sistematici sulla propria clientela per arginare il problema dell'anonimato associato alle valute virtuali. Oltre al Bitcoin, sono presenti più di 2000 criptovalute sul mercato, definite *altcoin*, proprio per indicare le alternative al Bitcoin. Ogni *altcoin* nasce con uno scopo bene preciso e porta avanti un progetto che può sposarsi o meno con i nostri interessi personali. Alcune delle *altcoin* più diffuse sono **Litecoin** (LTC), **Ethereum** (ETH), **EOS** (EOS), **Ripple** (XRP), **Tether** (USDT), **IOTA** (MIOTA), **Cardano** (ADA), **Bitcoin Cash** (BCH), **Tron** (TRX), and **Monero** (XMR). Grazie alle criptovalute non solo possiamo inviare e ricevere denaro in tutto il mondo, ma possiamo anche avere il pieno controllo sulle nostre transazioni. Le monete digitali rimangono al sicuro nel nostro portafoglio digitale, così come le nostre informazioni personali. Infatti, sebbene tutte le transazioni finali siano pubbliche, le nostre informazioni rimarranno sempre nascoste. Ciò garantisce una maggiore privacy e l'impossibilità per la criptovaluta di essere maneggiata da altre persone o dalle autorità. Tuttavia, le criptovalute sono esposte ad una volatilità molto elevata, dovuta principalmente alla loro disponibilità limitata e alla domanda sempre crescente. Per questo motivo, non sono stabili e il loro prezzo fluttua ogni giorno. Inoltre, il trading relativo alle criptovalute è nelle sue fasi iniziali: ci sono ancora delle funzioni e degli aspetti che devono essere sviluppati completamente, come ad esempio la presenza di valute più sicure e accessibili. Eppure, l'incertezza su quello che accadrà alle criptovalute in futuro non frena le persone a investire in esse.

Commodities

In italiano il termine inglese *commodity* (al plurale *commodities*) significa "materia prima". Le *commodities* sono, infatti, tutti quei beni tangibili che possono essere acquistati, venduti o scambiati sul mercato. Nel linguaggio del commercio internazionale, la parola *commodity* viene utilizzata per una classe specifica di materie prime, i cosiddetti **prodotti indifferenziati**. Questo tipo di prodotti hanno la peculiarità di essere disponibili un po' ovunque e, proprio per questo, i prezzi degli stessi rimangono uniformi in tutto il mondo (ovviamente, dobbiamo escludere i costi di trasporto e le tasse del Paese di riferimento). Alcuni esempi di questi prodotti sono il petrolio, l'oro, il grano, lo zucchero, il ferro e il rame. Esistono due diverse tipologie di prodotti indifferenziati:

- le *soft commodities*, ossia i beni che provengono dalle coltivazioni (prodotti agricoli) e dagli allevamenti (prodotti animali);
- le *hard commodities*, ossia i beni che vengono estratti dalla terra (metalli) o che subiscono delle trasformazioni standardizzate dei primi (prodotti energetici).

Le *commodities* possono essere negoziate anche sui mercati finanziari. Il loro scambio viene standardizzato per qualità, valuta e unità di misura. Il petrolio, ad esempio, è quotato in dollari al barile, mentre l'oro in dollari all'oncia (ovviamente, si parla di dollari statunitensi). Il prezzo delle commodities viene determinato della domanda e dall'offerta, ma anche da altri fattori, come la quantità disponibile o estratta, le decisioni prese degli Stati produttori, le alternative, le guerre, le crisi economiche e, nel caso di *soft commodity*, anche gli eventi metereologici, la stagionalità e la deperibilità dei prodotti. I trader possono fare trading attraverso:

- **commodities fisiche**: il bene stesso è oggetto della negoziazione;
- **commodities derivate**: lo scambio della materia prima avviene attraversi strumenti finanziari derivati.

Lo strumento finanziario derivato più utilizzato è il **future** (argomento del prossimo paragrafo). I più grandi mercati al mondo relativi alle *commodities* scambiate tramite futures sono negli Stati Uniti: il CME e il CBOT di Chicago, il NYMEX e il NYBOT di New York.

Futures

Il future è un **contratto** stipulato tra due parti, un acquirente e un venditore, che prevede l'obbligo di vendita o di acquisto di un bene ad un dato prezzo, alla scadenza dello stesso. Le banche, così come le aziende, utilizzano questo strumento finanziario per **coprire una posizione su un bene**. Immaginiamo, per esempio, che un'azienda produttrice di alluminio venda un contratto future della *commodity* in questione (alluminio) ad un'azienda produttrice di pentole, così da tutelarsi nel caso di un ribasso del prezzo. Tuttavia, proprio per la presenza di accordo iniziale, le opportunità di guadagno sono limitate. Il prezzo della commodity fluttua sul mercato e, con molta probabilità, sarà più alto o più basso rispetto a quello stabilito in precedenza. Pertanto, una delle aziende coinvolte "perderà" e l'altra "vincerà". Se il prezzo si abbassa, per esempio, le commodities verranno vendute al prezzo pattuito in precedenza, pertanto il venditore potrà guadagnare sulla differenza di prezzo. In ogni caso, saranno entrambe soddisfatte, perché avranno già calcolato il costo e il profitto attesi. I futures sono ampiamente utilizzati anche a **fini speculativi**. Esistono, infatti, due modalità di estinzione dei contratti futures:

- con la **consegna fisica della** *commodity* **alla data e al prezzo pattuiti**, dietro pagamento del corrispettivo (contratti futures originali);
- con la **liquidazione prima della scadenza** attraverso la stipulazione di un nuovo contratto di segno opposto (contratti futures speculativi).

I contratti futures speculativi consento di operare sui mercati finanziari utilizzando anche la leva finanziaria. Tali operazioni vengono effettuate nel giro di pochissimo tempo, a volte anche in pochi minuti. Infatti, si tratta di operazioni di *scalping trading*. Solo una piccolissima parte delle *commodities* vengono effettivamente consegnate Spesso, infatti, vengono promessi scambi per una quantità nettamente superiore rispetto alla reale quantità di bene fisicamente esistenti.

Opzioni

L'opzione è un **contratto** stipulato tra due parti, un'acquirente e un venditore, che prevede il diritto di vendita (chiamato *put*, "mettere" o "piazzare") o di acquisto (chiamato *call*, "chiamare") di un bene ad un dato prezzo, entro un certo periodo di tempo. Immaginiamo, per esempio, di mettere sul mercato un'opzione che prevede il diritto di compera di 100 azioni Ferrari a €20 l'una entro due mesi: l'acquirente potrà esercitare il diritto di riscuotere le 100 azioni a €20 l'una entro due mesi. Nei €20 è compreso anche un premio di €1 che l'acquirente deve corrispondere all'emittente al momento della sottoscrizione del contratto. Pertanto, ogni azione sarà pari a €19, mentre il premo totale a €200. Se entro due mesi il prezzo delle azioni sale a €25, l'acquirente avrà interesse nel "chiamare" le sue azioni. L'emittente dovrà, quindi, comprare le azioni a €25 e rivenderle all'acquirente a €19, con una perdita pari a di €500: l'emittente perderà sì €600 (€ 6 ad azione), ma avrà comunque incassato il premio di €100. I €500 di perdita dell'emittente rappresentano il guadagno dell'acquirente. Invece, se entro due mesi il prezzo delle azioni scende a € 15, l'acquirente non avrà più interesse a "chiamare" le azioni (dato che può comprarle ad un prezzo inferiore): il contratto si concluderà con l'emittente che avrà comunque incassato un premio di €100. Ovviamente, come si possono acquistare, si possono anche vendere le opzioni. Il meccanismo è sempre lo stesso, ma al contrario: l'acquirente avrà interesse a "piazzare" le azioni solo se il prezzo per azione scende rispetto a quello iniziale. Ovviamente, se desideriamo comprare un'opzione, dobbiamo aspettare che ci sia una controparte disposta a venderla, mentre se desideriamo venderla, dobbiamo aspettare che ci sia una controparte disposta a comprarla. Nel mercato delle opzioni il prezzo del premio varia in continuazione e viene influenzato da numerosi fattori, come il prezzo dell'azione, la distanza dalla scadenza e la volatilità del mercato. Possiamo distinguere due attori principali che operano con le opzioni:

- **coloro che speculano**: sono sul marcato per ottenere un profitto grazie alle opzioni (vendono i contratti e guadagnano sul premio);
- **coloro che fanno** *hedging* ("copertura"): sono sul mercato per proteggersi dal rischio o dall'incertezza (comprano i contratti per tutelare il proprio capitale)

Per gli speculatori diventa facile guadagnare tramite le opzioni, perché ci sono diverse persone che sono disposte a perdere un po' del proprio capitale (pagando un premio) al fine di proteggerlo. Gli speculatori possono essere paragonati a degli assicuratori, mentre coloro che fanno *hedging* agli assicurati.

CFD

Il CFD (*Contract For Difference*), in italiano "contratto per differenza" è – appunto – un **contratto** stipulato tra due parti, un'acquirente e un venditore (in particolare tra il trader e il broker online), che consente di beneficiare delle oscillazioni di prezzo del sottostante (come titoli, valute e *commodities*), senza esserne in possesso. Nello specifico, il broker si impegna a corrispondere all'acquirente la differenza tra il valore corrente del sottostante e il suo valore al momento della chiusura della posizione. Nel caso in cui la differenza fosse negativa, invece, spetterebbe al trader corrispondere una contropartita al venditore. Immaginiamo, per esempio, di comprare un CFD di Ferrari a €500: se il valore salirà a €550, potremo rivendere il CFD e guadagnare sulla differenza tra i due prezzi, quindi €50; invece, se il valore scenderà a €450 avremo perso €50. Per aprire una posizione con un CFD non serve un capitale alto; inoltre, non esistono dei costi di apertura e chiusura, soltanto una piccola commissione. I CFD sono ideali per chi possiede un capitale basso e vuole fare operazioni di *scalping* trading: la posizione vengono aperte e chiuse anche in pochi minuti. Come nel caso dei contratti future, anche con i CFD è possibile usare la leva finanziaria: da una parte può essere un vantaggio, dall'altra uno svantaggio, perché, come sappiamo, può raddoppiare o triplicare il nostro profitto, così come la nostra perdita.

I mercati finanziari

Definito il capitale, il tipo di trading che intendiamo seguire (*scalping* trading, *day* trading, *swing* trading o *position* trading) e lo strumento finanziario che desideriamo utilizzare, non ci resta che scegliere il **MERCATO FINANZIARIO** più adatto a noi. I mercati finanziari sono dei luoghi fisici o virtuali in cui vengono scambiati gli strumenti finanziari. In base alle caratteristiche degli strumenti finanziari, possiamo classificare i diversi mercati finanziari. Esse possono riguardare la **natura dello scambio** (finanziamento, investimento o protezione dai rischi), la **durata dell'investimento** (brevissimo, breve, medio o lungo termine), il **momento della negoziazione** (gli investitori possono sottoscrivere un titolo o un contratto al momento dell'emissione, ossia della sua creazione, e scambiarlo con terzi in un secondo momento), la **regolamentazione**. Normalmente, i mercati in cui avvengono gli scambi sono **regolamentati**, ossia prevedono dei contratti standardizzati in forma anonima cui termini e gestione vengono affidati ad una determinata autorità, come ad esempio la Borsa Italiana. Gli scambi all'interno di questi mercati sono protetti da una *clearing house*[10], la quale garantisce ai trader di ricevere lo strumento per cui hanno pagato. L'amministrazione generale del mercato viene supervisionata dall'**Autorità di**

---

[10] Una *clearing house*, in italiano "stanza di compensazione", funge da mediatore tra due entità o parti coinvolte in una transazione finanziaria.

Vigilanza, come la CONSOB. Quest'ultima ha il compito di indagare e, nel caso, imporre delle sanzioni se si verificano dei comportamenti scorretti sui mercati. Alcuni esempi di mercati regolamentati sono i seguenti:

- **MTA** (*Mercato Telematico Azionario*): esso permette di scambiare **azioni**, **warrant**[11] e **obbligazioni**;
- **MOT** (*Mercato Telematico delle Obbligazioni*): esso permette di scambiare **obbligazioni** e **titoli di Stato**;
- **SEDEX** (*Securitised Derivatives Exchange*): esso permette di scambiare i **certificates**[12] e i **covered warrant**;
- **IDEM** (*Italian Derivate Market*): esso permette di scambiare **futures** e **opzioni**;

---

[11] Il **warrant** è uno strumento finanziario derivato che prevede l'acquisto o la vendita di un sottostante ad un prezzo e ad una scadenza stabilita. A seconda dell'attività sottostante si distinguono due tipologie di warrant: il **warrant** (in senso stretto), che ha come sottostante esclusivamente azioni, e il **covered warrant**, che può avere anche obbligazioni, indici azionari o obbligazionari o anche panieri di titoli, valute o tassi di interesse.

[12] Il **certificate** è uno strumento finanziario derivato che prevede l'acquisto o la vendita di un sottostante. Esso viene emesso da un istituto bancario sulle base di opzioni molto particolari. Tuttavia, per comprare le opzioni, l'istituto bancario deve possedere le azioni dell'azienda del sottostante e ottenere il dividendo. Successivamente, distribuirà il certificate al cliente, nello stesso modo in cui distribuisce obbligazioni e le azioni.

- **COMEX** (*Commodity Exchange*): esso permette di scambiare metalli industriali e preziosi, quindi **commodities**, attraverso l'utilizzo di **futures**.

Esistono anche dei mercati cui scambi avvengono attraverso dei contratti personalizzati. Si tratta di mercati **non regolamentati**, o anche detti *Over-The-Counter* (OTC). I trader negoziano tra di loro i termini del contratto, ma non beneficiano di un mercato organizzato. Ciò può portare ad un **rischio di controparte**, ossia che lo scambio non venga realizzato secondo i termini indicati nel contratto. I mercati non regolamentati sono molto meno trasparenti rispetto a quelli regolamentati e, nella maggior parte dei casi sono anche meno liquidi. Per questo motivo sono anche i meno amati dai trader. Tuttavia, esiste un'eccezione che riguarda il mercato valutario, il **Forex**, il quale, pur non essendo regolamentato, è il mercato finanziario più liquido al mondo. Alcuni esempi di mercati non regolamentati sono i seguenti:

- **EXTRAMOT** (*Mercato Telematico delle Obbligazioni Estere*): essi premette di scambiare **Obbligazioni estere**;
- **AIM** (*Alternative Investment Market*): esso permette di scambiare le **azioni** di piccole società;
- **EUROTLX** (*European Tradinglab Exchange*): esso permette di scambiare **certificates** e **obbligazioni**;

- **HI-MTF** (*Multilateral Trading Facility*): esso permette di scambiare **obbligazioni** e **titoli di Stato esteri**;
- **EQUITY MTF** (*Multilateral Trading Facility*): esso permette di scambiare **azioni estere**;

Il broker finanziario

Il **BROKER ONLINE** è l'intermediario finanziario che consente di negoziare sui diversi mercati. Prima di scegliere il broker che più ci rappresenta e, quindi, la piattaforma su cui operare, dobbiamo tenere in considerazione tre fattori fondamentali: le **informazioni legali**, l'**operatività** e i **costi** del broker.

Informazioni legali
Per valutare le informazioni legali, dobbiamo considerare la **sede legale**, la **normativa**, la **registrazione**, la **protezione dei fondi** e la **divisone dei conti** del broker.

1. Sede legale

La maggior parte dei broker online ha la **sede principale** all'estero e una sede operativa in Italia. Dobbiamo accertarci che il broker abbia la propria sede legale in una Paese che prevede una regolamentazione più completa e stringente, piuttosto che esageratamente permissiva (come ad esempio Panama, Malta o Cipro), così da essere più tutelati.

2. Normativa

Dobbiamo accettarci che il broker venga monitorato da un'Autorità di Vigilanza e che, quindi, rispetti la sua normativa. L'Autorità di Vigilanza italiana è la CONSOB. Nel Regno Unito, invece, l'Autorità di Vigilanza è la FCA (*Financial Conduct Authority*), mentre negli Stati Uniti la SEC (*Securities and Exchange Commission*). Alcuni broker possono essere controllati contemporaneamente da due Autorità di Vigilanza: ad esempio, esistono dei broker statunitensi che sono seguono la normativa della SEC e della FCA.

3. Registrazione

Dobbiamo accertarci che il broker sia inscritto all'albo della CONSOB e che, quindi, gli dia l'autorizzazione a operare in Italia. Per verificare l'iscrizione a una particolare Autorità di Vigilanza (CONSOB), basta scrivere sul motore di ricerca (Google) il nome del broker seguito dalla sigla della stessa oppure andare sul sito ufficiale dell'Autorità di Vigilanza e verificare che sia presente tra gli intermediari finanziari registrati.

4. Protezione dei fondi

Dobbiamo accertarci che il broker aderisca ai programmi relativi alla protezione dei fondi. Può succedere, infatti, che molti utenti chiedano contemporaneamente di riavere il proprio capitale e che il broker non riesca a soddisfare la richiesta di tutti. Per evitare che ciò accada, il broker può aderire a dei programmi che offrono la protezione dei fondi: nel Regno Unito, per esempio, esiste un programma chiamato FSCS che protegge i depositi degli utenti fino ad un massimo di 50'000 sterline.

5. Divisione dei conti

Dobbiamo accertarci che il broker separi i conti deposito degli utenti dai propri conti aziendali. Questo è un aspetto importantissimo per tutelare il proprio capitale: se per caso il broker dovesse avere dei debiti, i creditori non potrebbero raccogliere i soldi dai conti deposito dei suoi utenti.

Operatività
Per valutare l'operatività del broker, dobbiamo considerare i **mercati e gli strumenti finanziari**, i **servizi della piattaforma** e l'**assistenza clienti**.

1. Mercati e strumenti finanziari

La scelta del broker è strettamente legata al mercato finanziario in cui si vuole operare e agli strumenti finanziari che si vogliono utilizzare. Se volessimo operare nel Forex con i CFD, per esempio, dovremmo scegliere un broker che opera esclusivamente nel Forex con i CFD. Se optassimo per un broker generalista che offre più strumenti finanziari, potrebbe diventare sconveniente in termini di efficienza, costi e rendimento.

2. Servizi della piattaforma

Ogni broker utilizza una piattaforma diversa per fare trading online. Per scegliere quella che rispecchia maggiormente le nostre esigenze dobbiamo valutare alcuni aspetti, come la rapidità, la semplicità di utilizzo, la trasparenza, la funzionalità e la presenza di *bug*, ossia di problemi tecnici frequenti. Quest'ultimo punto è particolarmente rilevante se vogliamo effettuare un trading molto aggressivo (*scalping* trading), in quanto presuppone un'elevata rapidità di esecuzione (non c'è "spazio" per eventuali *crash* della piattaforma).

3. Assistenza clienti

Dobbiamo accertarci che il broker prevede una buona assistenza clienti: l'assistenza clienti ci permette di contattarlo in caso di necessità. Pertanto, è essenziale che il sito sia chiaro e dettagliato, che ci siano dei riferimenti da contattare (sia per telefono che per email) e che i tempi di risposta siano rapidi.

Costi
Per valutare i costi del broker online, dobbiamo considerare quelli legati alle **commissioni**, agli **interessi** e all'**apertura, gestione e chiusura del conto**.

1. **Commissioni**

Le commissioni sono degli importi fissi o in percentuali che vengono calcolati su quello che vendiamo o acquistiamo. Solitamente, le commissioni sono molto basse oppure sono assenti totalmente. In ogni caso, dobbiamo informarci bene prima di aderire ad una piattaforma operativa.

2. **Interessi**

Gli interessi sono degli importi che vengono applicati a tutte le operazioni che compiamo. Se compriamo un contratto, per esempio, vengono applicati degli interessi positivi, che deve pagare la controparte; invece, se vendiamo un contratto, vengono applicati degli interessi negativi, che dobbiamo pagare noi. Dobbiamo accertarci che il broker non preveda una commissione sugli interessi che deve pagare e, soprattutto, che non sia maggiore rispetto all'importo degli interessi stessi. Se ciò si dovesse verificare, il trader non solo non riceverebbe l'importo dell'interesse positivo, ma dovrebbe anche pagare qualcosa al broker.

3. **Apertura, gestione e chiusura del conto**

Alcuni broker prevedono dei costi per l'apertura, la gestione e la chiusura del conto. Ovviamente, dobbiamo valutare se il "gioco vale la candela" e, quindi, se i costi da pagare sono proporzionati ai servizi offerti dal broker.

Capitolo 4
L'ANALISI DEL MERCATO

Le discipline del trading online

Adesso che abbiamo compreso quali sono gli elementi che "compongono" il trading online, non ci resta che passare all'**analisi di mercato**. Nel mondo del trading possiamo distinguere diverse tipologie di analisi, ossia delle metodologie che, se studiate e applicate, possono aiutarci a prevedere l'andamento futuro del mercato. Nel corso del tempo si sono consolidate due scuole principali di pensiero, le quali prevedono degli approcci molto differenti tra loro: l'**ANALISI TECNICA** e l'**ANALISI FONDAMENTALE**.

L'analisi tecnica e l'analisi fondamentale sono le due discipline principali alla base dell'analisi di mercato. Grazie alle informazioni e ai dati che forniscono è più facile per il trader capire cosa stia accadendo e prendere la strada giusta verso il successo. Le tecniche che propongono sono di grande aiuto per i trader, i quali imparano a leggere tra le righe del mercato e scegliere il momento migliore per aprire una posizione senza correre rischi eccessivi. Analizzare il mercato è come esaminare un dipinto: sono presenti tantissimi dettagli importanti, ma possiamo cogliere il suo significato solamente se lo osserviamo nel suo insieme. Difatti, l'analisi tecnica e l'analisi fondamentale ci forniscono una panoramica generale, grazie alla quale possiamo comprendere le dinamiche di mercato, formulare delle previsioni attendibili e sviluppare delle strategie vincenti. La differenza principale tra l'analisi tecnica e l'analisi fondamentale riguarda soprattutto il numero dei fattori che tengono in considerazione: la prima si occupa essenzialmente dell'osservazione dei grafici; la seconda, invece, spazia dalle politiche economiche e monetarie alle statistiche aziendali.

Quasi tutti i trader, dal neofita al più esperto, prendono le decisioni basandosi su entrambe le discipline. Tuttavia, alcuni preferiscono utilizzarne solo una. La scelta di preferire un'analisi piuttosto che l'altra può dipendere da tre fattori principali: le **preferenze personali**, le **esigenze individuali** e gli *asset* **di mercato**.

1. Preferenze individuali

Ogni trader ha il proprio metodo per operare nei mercati. Per riuscire a raggiungere i nostri obiettivi, non dobbiamo mai andare contro la nostra natura o stile. Pertanto, è inutile farsi condizionare dagli altri sulla scelta dell'analisi da utilizzare: dobbiamo scegliere quella che più ci rappresenta, senza escludere a priori l'altra. Magari, scopriamo che ci servono entrambe per costruire la nostra strategia.

2. Esigenze individuali

Non esistono delle regole prestabilite e uguali per tutti. Tuttavia, i trader che svolgono operazioni *intraday*, cui guadagni sono più veloci e immediati, sono più propensi a utilizzare l'analisi tecnica, mentre quelli che svolgono operazioni *multiday*, cui guadagni sono più lenti e duraturi nel tempo, sono più propensi a utilizzare l'analisi fondamentale.

3. *Asset* di mercato

La scelta di utilizzare un'analisi piuttosto che l'altra dipende anche dalla tipologia di *asset* di riferimento. Nel mercato azionario, per esempio, i trader prediligono l'analisi fondamentale, perché spesso devono analizzare il bilancio dell'azienda, così come altre variabili economiche e finanziarie; nel mercato valutario, invece, i trader prediligono l'analisi tecnica, perché la volatilità è altissima e i profitti sono veloci e tempestivi.

Per quanto sembrino l'una l'opposto dell'altra, possiamo considerare l'analisi tecnica l'analisi fondamentale **complementari**. Pertanto, la cosa migliore sarebbe utilizzarle insieme senza concentrarsi su una delle due, perché altrimenti avremmo solamente una visione parziale del mercato: da una parte l'analisi fondamentale fornisce una serie informazioni molto utili comprendere le dinamiche di mercato, ma che non sono replicabili nel tempo; dall'altra, l'analisi tecnica fornisce una serie di strumenti che permettono di analizzare i dati in tempo reale, ma che non danno alcuna spiegazione sulle dinamiche impreviste. Come possiamo vedere, entrambe le analisi hanno dei limiti, pertanto, se decidessimo di considerarle entrambe, avremmo un quadro della situazione più dettagliato e completo.

Analisi tecnica

L'**ANALISI TECNICA** (AT) è lo studio dell'andamento dei prezzi dei mercati finanziari, attraverso metodi grafici e statistici, al fine di prevederne le tendenze future. Gli analisti tecnici cercano, infatti, di anticipare il prezzo relativo di un bene o una società, basandosi sulla sua storia passata, in modo tale da determinare il momento migliore di entrata e uscita dal mercato. Essa si fonda sui due principi fondamentali:

- Il grafico relativo al prezzo fornisce tutte le informazioni provenienti dal mercato;
- il comportamento dei trader si ripete nel tempo (al verificarsi di certe condizioni, i prezzi si alzino o si abbassino come conseguenza).

L'analisi tecnica venne introdotta dall'economista **Charles Dow** (1851-1902), fondatore del Wall Street Journal e inventore dell'indice "Dow Jones Industrial Average". Secondo Dow, bisognava osservare l'andamento del mercato azionario e utilizzarlo come indice dell'andamento generale dei mercati. Per speigare le regole generali dell'analisi tecnica, Dow utilizzò i **movimenti delle maree**: i periodi di **alta marea** rappresentano le fluttuazioni che toccano dei valori sempre più alti (indice di trend crescente o *uptrend*), mentre i periodi di **bassa marea** rappresentano le fluttuazioni che toccano dei valori sempre più bassi (indice di trend decrescente o *downtrend*). Grazie a diversi articoli pubblicati dallo stesso Dow tra il 1900 e il 1902, fu possibile tracciare i sei principi cardine dell'analisi tecnica, la cosiddetta "Dow Theory". Vediamoli uno ad uno.

- **Gli indici riportano tutte le informazioni disponibili**: secondo Dow, tutte le informazioni vengono comunicate dai prezzi generati dall'incontro tra domanda e offerta, pertanto non è necessario approfondirle ulteriormente.
- **L'andamento del mercato è diviso in tre trend**: Secondo Dow, esiste un trend Primario (o Major trend), che ha una durata di un anno; un trend Secondario, che ha una durata di poche settimane e una direzione opposta rispetto a quello Primario; e un trend Minore, che ha una durata di circa tre settimane e ha la stessa direzione di quello Primario. Sia il trend Secondario che il trend Minore si trovano all'interno del trend Primario.
- **I trend si sviluppano in tre fasi**: secondo Dow, esistono tre fasi di trend: la fase di accumulazione, la fase di partecipazione pubblica e la fase di distribuzione. In caso di *uptrend*, la prima fase è quella di accumulazione (i trader più esperti e informati acquistano, perchè non si sono ancora diffuse le notizie positive sul ciclo economico), la seconda fase è quella di partecipazione pubblica (le notizie si diffondono e, pertanto, iniziano a salire i prezzi) e la terza fase è quella di distribuzione (i prezzi hanno scontato qualsiasi informazione, pertanto i trader che avevano acquistato nella prima fase

iniziano a vendere, mentre i piccoli risparmiatori continuano ad acquistare attratti dalla crescita precedente, fino a quando non giunge un'inversione di trend). In caso di *downtrend*, invece, avverrà l'esatto opposto. La prima fase sarà quella di <u>distribuzione</u>, la seconda quella di <u>partecipazione pubblica</u> e la terza quella di <u>accumulazione</u>.

- **Gli indici si confermano reciprocamente**: secondo Dow, bisogna tenere in considerazione l'indice industriale e l'indice dei trasporti. In particolare, egli riteneva che un nuovo punto di massimo potesse determinare il proseguimento del trend in essere solamente se raggiunto da entrambi gli indici di riferimento.
- **Il volume conferma il trend**: il volume è il numero totale di transazioni effettuate in un determinato momento; secondo Dow, quando è in atto un *uptrend* il volume aumenta all'aumentare dei prezzi e diminuisce alla diminuzione dei prezzi; invece, quando è in atto un *downtrend* il volume aumenta al diminuire dei prezzi o diminuisce all'aumentare dei prezzi.
- **Un trend prosegue fino a quando non viene negato**: secondo Dow, i tutti trend (sia rialzista che ribassista) tendono a muoversi nella direzione che li ha caratterizzati fino a quel momento.

Adesso che sappiamo quali sono i principi più importanti dell'analisi tecnica, possiamo passare all'osservazione del grafico e alla spiegazione di tutti gli elementi che lo compongono.

I grafici

L'analisi tecnica viene effettuata sui **grafici**, i quali riproducono i dati relativi all'andamento del prezzo di uno determinato *asset*. Nel trading online, possiamo usare diversi tipi di grafici. Quelli più comuni sono il grafico a linee, il grafico a barre e il grafico a candele.

Il **grafico a linee** (*Figura 1*) fornisce un unico dato, quello riguardante il **prezzo chiusura**[13], pertanto è quello più semplice da interpretare. La linea viene formata unendo i diversi prezzi di chiusura di un certo periodo temporale.

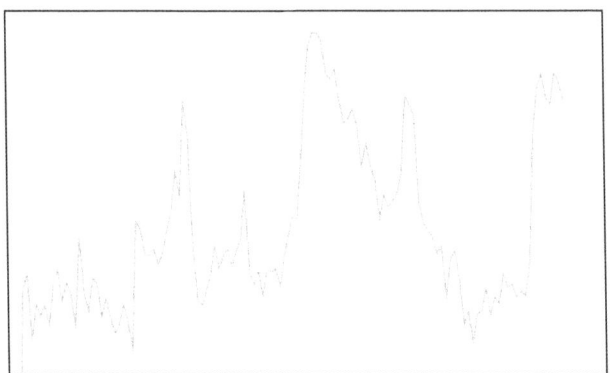

Figura 1: Esempio di grafico a linee

---

[13] La **prezzo di chiusura** è l'ultimo dato disponibile in Borsa, ossia il prezzo con cui un determinato titolo ha chiuso la giornata.

Il **grafico a barre** (*Figura 2*) offre più dettagli rispetto a quello a linee. In particolare, fornisce tutte le informazioni relative al prezzo di apertura, al prezzo di chiusura, al prezzo massimo e al prezzo minimo del periodo selezionato. Il grafico si presenta con una linea orizzontale, il prezzo di apertura, la quale si interseca con il lato sinistro della barra: l'estremità superiore rappresenta il prezzo massimo, mentre l'estremità inferiore il prezzo minimo. Al termine dell'intervallo selezionato appare un'altra linea orizzontale, la quale equivale al prezzo di chiusura. Se la linea orizzontale iniziale si trova al di sotto della linea orizzontale finale, significa che c'è stato un incremento e che il mercato ha acquistato forza. Invece, se la linea orizzontale iniziale è al di sopra della linea orizzontale finale, significa che c'è stato un decremento e che il mercato ha perso forza.

Figura 2: Esempio di grafico a barre

Il **grafico a candele** (*Figura 3*), in inglese *candlestick*, è molto simile a quello a barre, perchè fornisce tutte le informazioni al prezzo di apertura, al il prezzo di chiusura, al prezzo massimo e al prezzo minimo, con l'aggiunta che risolve il problema della visibilità. La candela si presenta come una barra, ma con alcune differenze: le linee orizzontali, oltre ad essere estese su entrambi, sono connesse tra loro, formando il corpo della candela (o *real body*). Il corpo della candela rappresenta i prezzi di apertura e di chiusura, mentre le linee verticali il prezzo massimo e quello minimo dell'intervallo temporale. Tali linee vengono chiamate "ombre": l'ombra superiore (o *upper shadow*) descrive il prezzo massimo, mentre l'ombra inferiore (o *lower shadow*) il prezzo minimo (*Figura 4*). Normalmente, se c'è stato un incremento di prezzo, il corpo della candela risulta di colore verde o bianco. Invece, se c'è stato un decremento di prezzo, il corpo della candela risulta nero o rosso. La sequenza di candele forma delle figure che consentono al trader di comprendere meglio l'andamento di mercato e individuare eventuali punti di inversione. Sarà possibile, quindi, distinguere un segnale *bearish* ("ribassista") o un *bullish* ("rialzista"): nel primo caso è raccomandabile vendere, nel secondo caso acquistare. Le figure più conosciute delle candele sono le seguenti:

- **Long white/Long black body**: questa candela si presenta con un corpo molto ampio e può avere delle implicazioni fortemente rialziste (Long white body), oppure fortemente ribassiste (Long black body);
- **Bearish/Bullish Spinning top**: questa candela si presenta con un corpo piccolo e simboleggia un mercato stabile, perché non presenta particolari segnali di *uptrend* o *downtrend*, né squilibri tra acquisti e vendite;
- **Upper/Lower shadow**: questa candela si presenta con delle implicazioni ribassiste dopo un *uptrend* (Upper shadow) o rialziste dopo un *downtrend* (Lower shadow); nel caso di una Upper shadow, si avrà un'area di resistenza in prossimità dei prezzi massimi, mentre nel caso di una Lower shadow, si avrà un'area di supporto in prossimità dei prezzi minimi;
- **Doji**: questa candela si presenta con un corpo sottilissimo e si forma quando si verifica un equilibrio perfetto tra acquirenti e venditori; tuttavia, equilibrio non significa calma assoluta, anzi: si tratta di una situazione incerta, pronta a cambiare in qualsiasi momento.

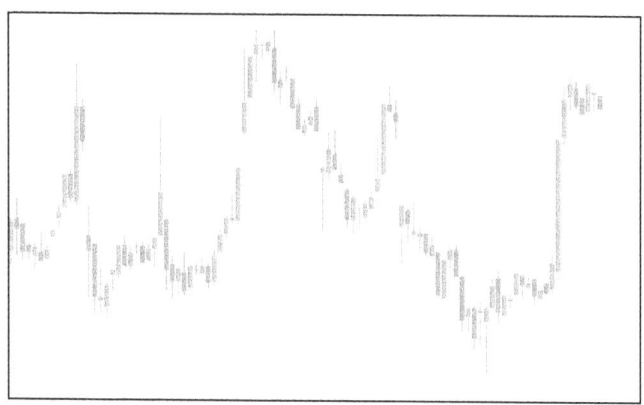

Figura 3: Esempio di grafico a candele

L'**intervallo temporale** del grafico, in inglese *time frame*, può variare in base al tipo di operazioni che facciamo: se le nostre operazioni di trading online sono brevi, avremo bisogno di un *time frame* basso (analisi di breve periodo); se le nostre operazioni di trading online sono lunghe, avremo bisogno di un *time frame* alto (analisi di medio o lungo periodo). In ogni caso, sarebbe meglio consultare grafici con *time frame* diversi, in modo tale da avere un quadro d'insieme più preciso. Se effettuiamo delle operazioni *intraday*, per esempio, possiamo osservare il grafico giornaliero, così da capire il trend principale, e poi spostarci su un grafico a 5 minuti, così da trovare il momento esatto in cui entrare. Solitamente, per operazioni di *position* trading si sceglie un *time frame* **settimanale**, per operazioni di *swing* trading, un *time frame* **giornaliero,** per operazioni di *day* trading, un *time frame* **orario** e per operazioni di *scalping* trading un *time frame* **a 5 minuti**. Come abbiamo detto nel capitolo precedente, per i principianti è meglio aspettare a fare operazioni *intraday*, in particolare di *scalping* trading: un grafico a 5 minuti si aggiorna molto velocemente e, quindi, bisogna essere lucidi, reattivi e abili per agire nel migliore dei modi. Invece, con un *time frame* più ampio possiamo fare delle operazioni con meno fretta e più tranquillità.

Gli ordini

Nel trading online, un **ordine** è l'istruzione inviata al broker di acquistare o vendere un determinato strumento finanziario, il quale dovrà eseguirla prima della sua scadenza. Gli ordini si dividono in due categorie: le applicazioni (o ordini "al meglio"), e le proposte di negoziazione (PDN): le **applicazioni** non prevedono altre condizioni oltre al nome e alla quantità dell'*asset* da negoziare, pertanto verranno eseguiti al miglior prezzo disponibile non appena sopraggiunge il *trading book*, la lista dei prezzi di acquisto e in vendita di un determinato strumento finanziario quotato; le **proposte di negoziazione** prevedono, invece, delle condizione aggiuntive, pertanto verranno eseguite solamente se si presentano le condizioni stesse. Fanno parte delle proposte di negoziazione i cosiddetti **ordini condizionati**, ossia quegli ordini caratterizzati da un meccanismo automatico di acquisto o di vendita che si attiva qualora vengano raggiunti i prezzi pattuiti in precedenza. Gli ordini condizionati di <u>apertura di una posizione</u> si divino in ordini stop (*stop orders*), che possono essere di acquisto (*buy stop*) o di vendita (*sell stop*), e **ordini limit** (o *limit orders*), che possono essere di acquisto (*buy limit*) o di vendita (*sell limit*):

- gli **ordini stop di acquisto** vengono inseriti ad un livello di prezzo superiore rispetto a quello corrente, mentre gli **ordini stop di vendita** vengono inseriti ad un livello di prezzo inferiore rispetto a quello corrente;
- gli **ordini limit di acquisto** vengono inseriti ad un livello di prezzo inferiore rispetto a quello corrente, mentre gli **ordini limit di vendita** vengono inseriti ad un livello di prezzo superiore rispetto a quello corrente.

Gli ordini condizionati di chiusura di una posizione si divino in *take profit* ("prendere il profitto"), *stop loss* ("bloccare la perdita") e *trailing stop loss* ("bloccare la perdila a inseguimento"):

- gli **ordini** *take profit* vengono inseriti su una posizione aperta al fine di chiudere tale posizione ad un livello di prezzo superiore rispetto a quello corrente e ottenere il maggior profitto possibile prima di un'inversione di trend;
- gli **ordini** *stop loss* vengono inseriti su una posizione aperta al fine di chiudere tale posizione ad un livello di prezzo inferiore rispetto al quello corrente e limitare le possibili perdite sull'operazione;

- gli **ordini *trailing stop loss*** vengono inseriti su una posizione aperta e consentono al trader di impostare un punto di *stop loss* ad un margine fisso dal prezzo corrente; pertanto, se il prezzo sale, il punto di *stop* cambierà di conseguenza, mantenendo sempre la stessa distanza con il prezzo corrente.

Quando facciamo trading impostare degli ordini condizionati può risultare molto utile al fine di arginare i rischi che corriamo, soprattutto nel caso in cui si verifichino degli eventi importanti che possono comportare dei movimenti repentini del mercato. Essi consentono, infatti, di allontanarsi dagli schermi e monitorare l'andamento dei mercati con meno regolarità. Tuttavia, se da una parte contengono le perdite, dall'altra limitano i nostri profitti e, quindi, le nostre opportunità di guadagno.

I livelli di supporto e resistenza
I livelli di supporto e resistenza rientrano tra gli strumenti base dell'analisi tecnica dei mercati. In particolare, il **supporto** (*Figura 4*) è il livello di prezzo in corrispondenza del quale è presente un arresto dell'*uptrend*, mentre la **resistenza** (*Figura 5*) è il livello di prezzo in corrispondenza del quale è presente un arresto del *downtred*. Possiamo immaginare il supporto e la resistenza come il pavimento e il soffitto di una casa, che limitano l'oscillazione dei dei prezzi di un *asset*: il proseguimento al ribasso viene impedito dalla concentrazione degli acquisti, mentre il

proseguimento al rialzo viene impedito dalla concentrazione delle vendite. Il livello di supporto diventa attendibile se resiste a ripetuti "attacchi" senza che avvenga una rottura al ribasso. Al contrario, il livello di resistenza diventa attendibile se resite a ripetuti "attacchi" senza che avvenga una rottura al rialzo. La rottura dei livelli di supporto e resistenza può essere provocata, per esempio, dal cambiamento dei valori di un'azienda, dall'andamento attuale dei prezzi o da motivi puramente irrazionali. Nella pratica, i livelli di supporto e resistenza rappresentano l'incontro tra domanda e offerta. Pertanto, la rottura di un livello di resistenza evidenza un aumento della domanda (più acquirenti sono disposti a comprare a prezzi più alti di quelli correnti), mentre la rottura di un supporto evidenzia un aumento dell'offerta (più venditori sono disposti a vendere anche a prezzi più bassi di quelli correnti). Se i livelli di supporto e resistenza vengono violati, possono trasformarsi nel loro esatto opposto: se un livello di supporto si "rompe", si trasforma in un livello di resistenza, mentre se un livello di resistenza si "rompe", si trasforma in un livello di supporto. Quando ciò cadde, si verifica una lieve alterazione del trend iniziale, un cosiddetto ***pullback*** ("tirare indietro"): non appena viene "rotto", il prezzo torna verso il livello resistenza o di supporto, per poi cambiare direzione e riprendere quella del trend iniziale. Sul grafico le linee di supporto e resistenza possono essere tracciate sia orizzontalmente (il livello è preciso e costante nel tempo), sia trasversalmente (il livello varia nel tempo): nel primo caso avremo un livello di supporto o resistenza **statico**, nel secondo caso, invece, avremo un livello di supporto o resistenza **dinamico**.

Figura 4: Esempio di supporto

Figura 5: Esempio di resistenza

Le figure di inversione

Nell'analisi tecnica, le **figure di inversione** sono delle rappresentazioni grafiche che evidenziano una possibile inversione del trend in atto. La loro importanza dipende dal tempo di creazione delle stesse: se una figura impiega molto tempo per completarsi, la sua credibilità previsionale sarà alta. Le figure di inversione si formano in prossimità dei livelli di massimo di un *uptrend* o di livelli di minimo di un *downtrend*. Tra figure più conosciute troviamo la Testa e Spalle (e la Testa e Spalle Rovesciate), la Doppio Massimo (e la Doppio Minimo), la Triplo Massimo (e la Triplo Minimo), la Top Reversal (e Bottom Reversal) e la Diamond Top (e Diamond Bottom). Vediamole una ad una.

- **Testa e Spalle e Testa e Spalle Rovesciato**

La figura di inversione **Testa e Spalle** (*Figura 6*) si presenta al culmine di un *uptrend*: le quotazioni delineano un <u>primo punto di massimo relativo</u> (la spalla sinistra), seguito da un'inversione di trend; successivamente, le quotazioni riprendono a salire delineano un <u>secondo punto di massimo relativo</u> superiore rispetto a quello precedente (la testa), seguito da un'altra inversione di trend; infine, le quotazioni riprendono a salire e delineano un <u>terzo punto di massimo relativo</u> (la spalla destra) più basso della testa, seguito da un'altra inversione di trend. Il completamento della figura avverrà quando, tracciata la *neckline*[14], le quotazioni saranno al di sotto della stessa. La "rottura" della *neckline*, chiamato punto di **breakout**, sancirà l'inizio di un nuovo *downtrend*. La figura "Testa e spalle" presenta un aumento dei volumi durante la formazione della prima spalla e della testa, una loro contrazione durante le discese verso la *neckline* (dopo i primi due punti massimo), un loro aumento leggero durante la formazione della seconda spalla e la loro esplosione dopo il punto di *breakout*. La figura di inversione **Testa e Spalle Rovesciate** (*Figura 7*) è l'esatto opposto di quella Testa e Spalle e si trova al culmine di un *downtrend*. Come nel caso della Testa e spalle, anche per la Testa e Spalle Rovesciate la rottura della *neckline* provoca un forte movimento contrario rispetto al trend precedente, sancendo l'inizio di un *uptrend*.

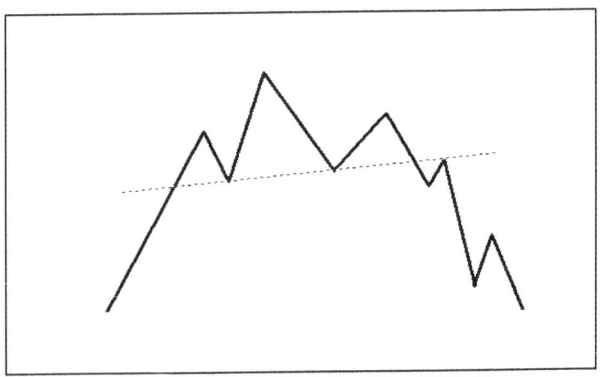

Figura 6: Esempio di figura Testa e Spalle

---

[14] La *neckline* è retta che unisce i punti di minimo delle inversioni di trend.

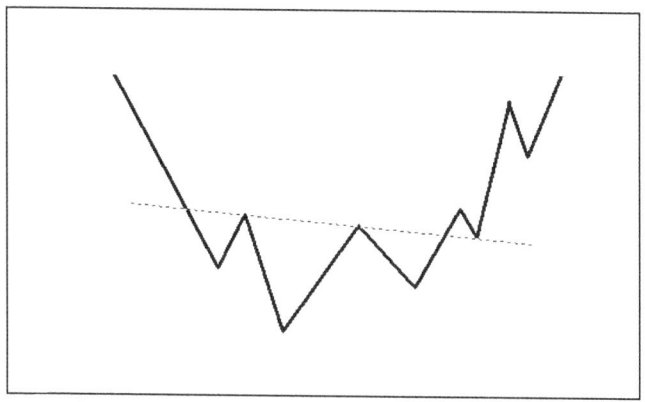

Figura 7: Esempio di figura Testa e Spalle Rovesciate

- **Doppio massimo e Doppio minimo**

La figura di inversione **Doppio massimo** (*Figura 8*) è caratterizzata da due punti di massimo relativi intervallati da un ribasso temporaneo delle quotazioni. Essa si presenta nella fase conclusiva di un *uptrend* e prevede un aumento dei volumi durante la formazione del primo punto di massimo e una successiva contrazione durante la formazione del secondo punto di massimo. La figura di inversione **Doppio minimo** (*Figura 9*) è l'esatto opposto di quella Doppio massimo. Anche in questo caso ci sarà un aumento dei volumi durante la formazione del primo punto di minimo e una contrazione durante la formazione del secondo punto di minimo. Tuttavia, nel rialzo finale si assisterà un aumento progressivo dei volumi che esploderà in corrispondenza del punto di rottura della resistenza passante per il massimo relativo.

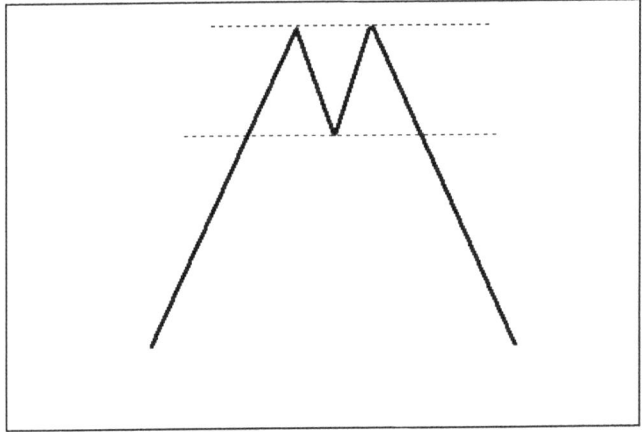

Figura 8: Esempio di figura Doppio Massimo

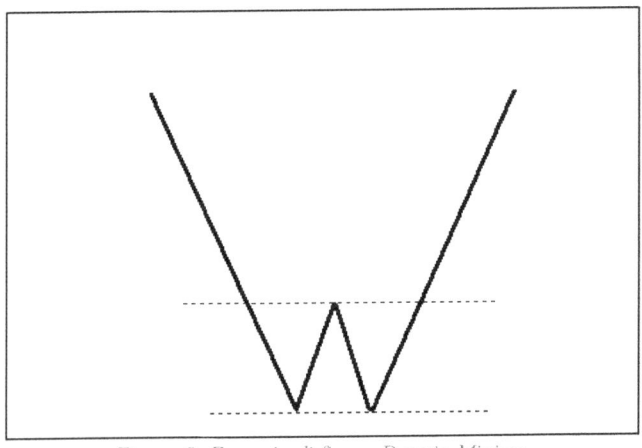

Figura 9: Esempio di figura Doppio Minimo

- **Triplo massimo e Triplo minimo**

Le figure di inversione "**Triplo massimo**" (*Figura 10*) e "**Triplo minimo**" (*Figura 11*) sono molto simili rispettivamente alle quelle Testa e Spalle e Testa e Spalle rovesciate. Ciò che le differenzia è il livello del secondo del secondo punto di massimo e del secondo punto di minimo, che si presentano uguali a quelli degli altri due punti di massimo e punti di minimo. Nella figura "Triplo Massimo" i volumi tendono a scendere dopo il primo punto di massimo, mentre in quella "Triplo minimo" i volumi iniziano a crescere già in corrispondenza dell'ultimo punto di minimo. Anche in questi casi, la rottura della *neckline* sancisce la conclusione delle figure.

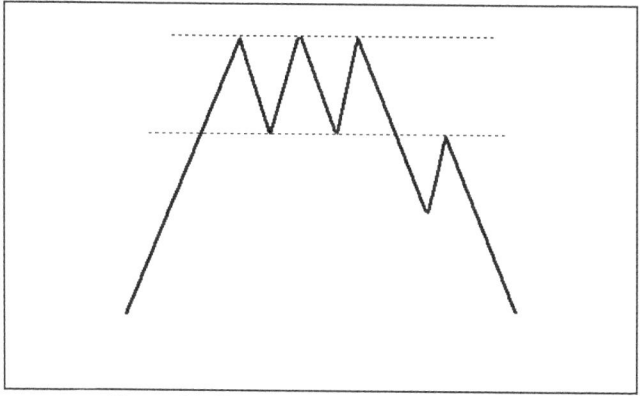

Figura 10: Esempio di figura Triplo Massimo

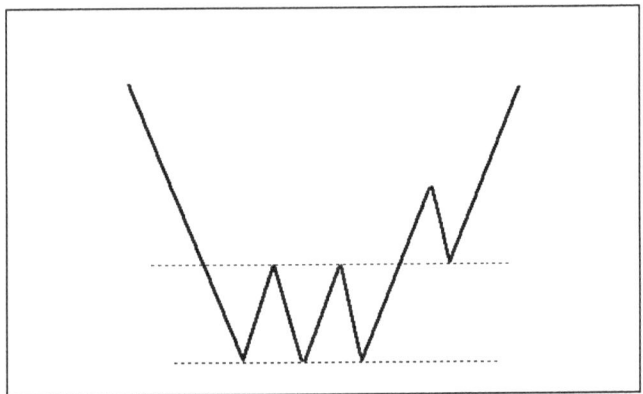

Figura 11: Esempio di figura Triplo Minimo

- **Top Reversal e Bottom Reversal (o Spike)**

La figura di inversione **Top Reversal** (*Figura 12*) prevede un improvviso rialzo delle quotazioni fino al raggiungimento di un <u>punto di massimo relativo</u>. Tuttavia, subito dopo il suo raggiungimento, avviene un'inversione di trend che riporta le quotazioni al loro valore iniziale. La figura di inversione **Bottom Reversal** (*Figura 13*) è l'esatto opposto di quella Top Reversal e prevede un'improvvisa discesa delle quotazioni fino al raggiungimento di un <u>punto di minimo relativo</u>. Tuttavia, subito dopo il suo raggiungimento, avviene ad un'inversione di trend che riporta le quotazioni al loro valore iniziale. Entrambe le figure hanno la caratteristica di completarsi nel giro di poco tempo, di svilupparsi al termine di un trend secondario e di produrre una rapida esplosione dei volumi.

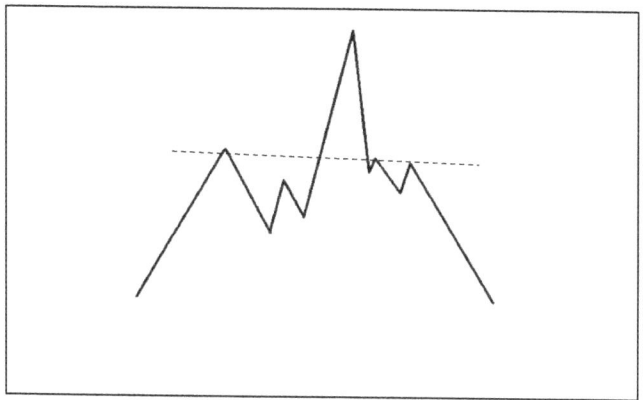

Figura 12: Esempio di figura Top Reversal

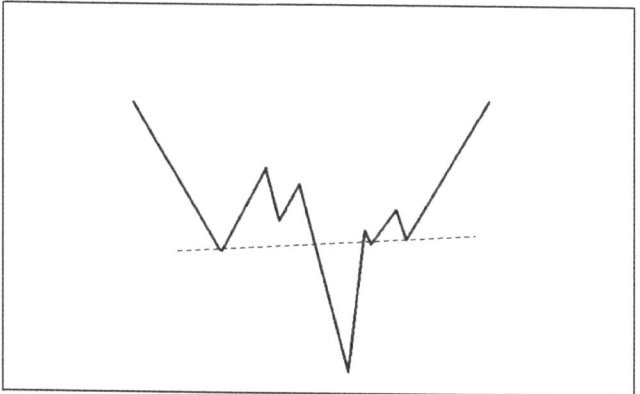

Figura 13: Esempio di Figura Bottom Reversal

- **Diamond Top e Diamond Button**

Le figure di inversione **Diamond Top** e **Diamond Button** (*Figura 14*) sono piuttosto rare e si presentano come due triangoli consecutivi collegati dalla loro base: un triangolo si espande a sinistra e l'altro a destra in maniera equivalente. Se la figura si verifica al termine di un *uptrend*, si tratta di Diamond Top, mentre se si verifica al temine di un *downtrend*, si tratta di Diamond Bottom. Entrambe le figure vedono un aumento iniziale dei volumi, che porta alla formazione di un primo triangolo aperto. Tuttavia, la continua "battaglia" tra compratori e venditori fa oscillare i prezzi in un primo momento e provoca una contrazione dei volumi in secondo momento. Si forma, così un triangolo simmetrico. Il completamento della figura avverrà quando i venditori prevalgono sui compratori o viceversa e, quindi, si verifica un'inversione di trend piuttosto pronunciata.

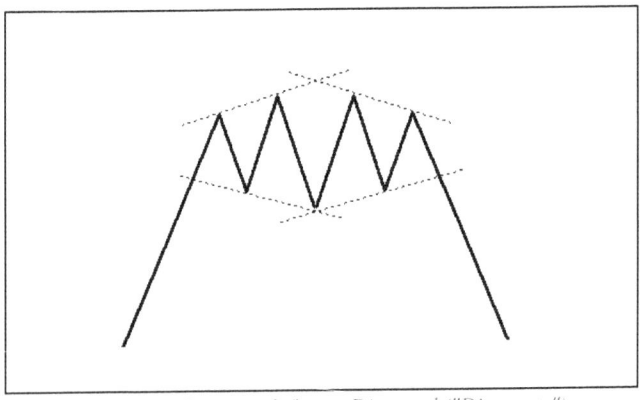

Figura 14: Esempio di figura Diamond ("Diamante")

Indicatori e oscillatori

Nell'analisi tecnica, gli **indicatori** e gli **oscillatori** rappresentano degli strumenti fondati su modelli matematici, che consentono di studiare l'andamento dei prezzi di un *asset*. L'**indicatore** può raggiungere qualsiasi risultato riguardante i valori dei prezzi e si muove all'interno del grafico attraverso una linea di equilibrio, la quale stabilisce uno spartiacque tra l'andamento rialzista e quello ribassista dei prezzi. Tra i principali indicatori troviamo le **Medie Mobili** (e quelli che si basano su di esse, come il MACD) e le **Bande di Bollinger**. Le **Medie Mobili** vengono utilizzate per misurare la direzione del trend attuale e vengono calcolate facendo la media dei prezzi di un determinato periodo di tempo. Le Medie Mobili possono essere utilizzate singolarmente oppure in coppia: nel primo caso, ci sarà un cambio di tendenza quando incrocerà un Media Mobile al rialzo o una Media Mobile al ribasso; nel secondo caso, ci sarà un cambio di tendenza quando la Media Mobile veloce incrocerà la Media Mobile lenta. Tra due Medie Mobili si generare sempre uno spazio di "Resistenza Dinamica" o "Supporto Dinamico". Quando il prezzo giunge in queste aree, può venire respinto e tornare al livello in cui si trovava in precedenza. Le **Bande di Bollinger** sono state introdotto dall'analista **John Bollinger** nel 1980 (da cui hanno preso il nome). Esse permettono di individuare la volatilità e il trend di mercato: più la volatilità è elevata, maggiore sarà l'ampiezza delle Bande. Le Bande di Bollinger sono formate da tre linee: una Banda superiore, una Media Mobile e una Banda inferiore. I prezzi si muovono all'interno delle Bande, le quali seguono a loro volta l'andamento dei prezzi. Il segnale ribassista arriva quando i prezzi toccano la banda superiore, mentre quello rialzista è presente quando i prezzi toccano la banda inferiore. A differenza dell'indicatore, l'**oscillatore** può raggiungere qualsiasi risultato riguardante i valori dei prezzi purché rientri nell'intervallo predefinito, (sono presenti dei valori minimi e dei valori massimi prefissati). Tra i principali oscillatori troviamo il **Momentum**, il **RSI** (*Relative Strength Index*) e l'**Oscillatore Stocastico** (*Stocastic Oscillator*). Il **Momentum** è molto semplice da calcolare e misura la forza del mercato tenendo conto del tasso di variazione dei prezzi e del loro valore effettivo. Il **RSI** misura la forza di un trend e segnala eventuali inversioni del trend. L'RSI Viene molto utilizzato dai trader che investono nel Forex. L'**Oscillatore Stocastico** permette di individuare le fasi di accumulazione e distribuzione che anticipano i movimenti direzionali. In particolare, misura la posizione relativa del prezzo di chiusura in un intervallo di tempo. Quando si verificano delle situazioni caratterizzate da eccessi di domanda o di offerta, quindi di **ipercomprato** o **ipervenduto**, gli oscillatori consentono di evidenziare possibili divergenze rispetto ai movimenti dei prezzi. Dunque, sono molto utili a riconoscere i tipici segnali operativi di acquisto e di vendita. In generale, sia indicatori che gli oscillatori sono indispensabili per analizzare i movimenti dei prezzi sul mercato.

Analisi fondamentale

L'**ANALISI FONDAMENTALE** (AF) è lo studio delle variabili economiche e finanziarie che influenzano l'andamento dei titoli, al fine di stabilirne il **prezzo effettivo**. Nello specifico, essa mira ad anticipare l'andamento di un *asset* grazie all'utilizzo di dati di macroeconomia e microeconomia, come le informazioni relative all'azienda (bilanci, utili, previsioni e notizie trapelate), le notizie economico-finanziarie del Paese o del prodotto, la situazione politica e sociale del Paese o dei Paesi coinvolti e la tipologia di settore dell'*asset*. In generale, questa tipologia di analisi viene svolta dai trader che puntano ad avere tutte le informazioni che possono in qualche modo influenzare le scelte future degli investitori. Ad esempio, a fronte di una stima al rialzo degli utili aziendali, si potrebbe verificare un aumento dei compratori dell'*asset* e, quindi, un conseguente rialzo effettivo del valore dell'*asset*.

Possiamo dire, quindi, che l'analisi fondamentale cerca di attribuire un valore reale al prodotto o all'azienda su si intende investire, stabilendo se il valore stimato sia più o meno uguale a quello reale. Per svolgere questo tipo di analisi, infatti, dobbiamo ricercare le informazioni direttamente alla fonte, tramite **siti internet**, **giornali** e **associazioni e organizzazioni di settore**. In tutti e tre i casi, le informazioni presenti possono offrire una panoramica complessiva dei mercati, così come delle delucidazioni su argomenti secondari, ma comunque rilevanti. Per cercare le informazioni dobbiamo tenere a mente questi suggerimenti:

- Dobbiamo cercare le notizie anche in inglese (non solo in italiano), perché sono presenti maggiori informazioni e dati di qualità: si possono trovare molti articoli attendibili in inglese sia perché è la lingua universale, sia perché i mercati finanziari inglese e americani sono tra i più floridi. Non dobbiamo essere degli esperti per cercare le informazioni in inglese, basta memorizzare la terminologia tecnica utilizzata e il suo significato.
- Dobbiamo evitare di leggere gli articoli di opinione. Nel mondo del trading, abbiamo bisogno di fatti concreti e oggettivi, pertanto non dobbiamo dare troppo peso alle opinioni altrui.
- Non dobbiamo operare esclusivamente sulle notizie. Prima di eseguire qualsiasi operazione, dobbiamo prenderci del tempo per ragionare su quello che sta accadendo e capire se conviene investire o meno su quel determinato *asset*.
- Dobbiamo approfondire le informazioni che abbiamo a disposizione. Non dobbiamo limitarci a leggere le informazioni e darle per certe, dobbiamo domandarci sempre il perché ed esaminarle ulteriormente. Spesso le sfaccettature di una notizia ci forniscono maggiori informazioni rispetto alla notizia stessa e possono aiutarci a effettuare le nostre operazioni future.

L'analisi fondamentale viene usata solitamente dai trader che investono nelle aziende, dunque, da coloro che operano sui mercati azionari e obbligazionari. In realtà, essa può essere applicata anche per altri tipi di *asset*, perché ci consente di prendere decisioni relative alle nostre scelte di investimento. L'analisi fondamentale non è una scienza esatta, ma piuttosto uno strumento da adoperare con cura, cui utilizzo può essere migliorato con l'esperienza.

Capitolo 5
IL TRADING ONLINE NELLA PRATICA

La costruzione di una strategia

Dopo aver gettato le basi per iniziare il nostro percorso di trading online, non ci resta che creare una **STRATEGIA** che ci permetta di raggiungere i nostri obiettivi. A grandi linee, possiamo definire la strategia come un **insieme di regole predefinite** che stabiliscono l'entrata e l'uscita dal mercato, il capitale da investire e quale strumento utilizzare. Grazie alla strategia, possiamo superare l'imprevedibilità dei mercati e ridurre i rischi che potremmo incontrare.

Non esistono delle strategie migliori, ma piuttosto delle strategie che si adattano maggiormente al nostro modo di operare: la strategia vincente è quella che rispecchia il nostro stile, le nostre esigenze e, quindi, che ci consente di ottenere dei risultati. L'errore più comune che possiamo commettere è basare la nostra strategia sul "sentito dire" e non sul mercato. Sicuramente, l'opinione dei trader più esperti può aiutarci a definire la nostra strategia. Tuttavia, non deve essere presa come verità assoluta. La nostra strategia deve essere il prodotto dello studio e dei test che svolgiamo quotidianamente. Per trovare un set di regole e paramenti, dobbiamo studiare e fare pratica, prima in demo e poi, successivamente, anche in real.

Come possiamo immaginare, il passaggio dalla pratica in demo alla pratica in real è molto delicato, perché cambia il nostro livello di stress: quando operiamo in demo il nostro livello di stress è basso (il denaro investito è "finto"); invece, quando operiamo in real il nostro livello di stress è altissimo (il denaro investito è reale). All'inizio è normale vivere dei momenti in cui ci sentiamo particolarmente pessimisti o, al contrario, super ottimisti. Non dobbiamo mai dimenticarci quanto sia importante adottare la psicologia giusta nei confronti del trading online: solo così possiamo imparare a gestire le varie situazioni che si creano e migliorare le nostre performance future.

Cinque strategie da cui prendere spunto

Nel trading online ogni operazione inizia con una entrata e termina con un'uscita. La strategia di trading ideale è quella che prevede l'entrata e l'uscita perfetta di un'operazione, ossia entrare al miglior prezzo e uscire con il massimo del profitto ottenibile. Ovviamente, è un obiettivo troppo ambizioso, quasi utopico da raggiungere, però esistono alcune strategie che possono aiutarci a perseguirlo, come ad esempio la strategia **Pivot Point**, la strategia **Trendline di DeMark**, la strategia con le **Bande di Bollinger**, la strategia con la **Media Mobile a 50 periodi** e la strategia **Holding** (Criptovalute).

Strategia Pivot Point
La **strategia Pivot Point** è una delle strategie più seguite nel panorama del trading online, soprattutto per la sua semplicità di esecuzione. Grazie a dei calcoli matematici automatici, i Pivot Point ci aiutano a determinare i livelli di supporto e resistenza dei prezzi. In particolare, i Punti Pivot si basano su tre o più livelli di resistenza e di supporto, chiamati rispettivamente R1 – R2 – R3 e S1 – S2 – S3, e rappresentano la loro media. L'operatività del trader consiste nell'acquistare quando il valore dell'*asset* raggiunge un supporto e vendere quando il valore dell'*asset* raggiunge una resistenza. In caso di *breakout*, la strategia presume la continuazione del trend. La strategia Pivot Point è molto efficace sia per operazioni *intraday*, sia per operazioni

multiday. A seconda del *time frame*, infatti, i livelli si modificano e, quindi, anche l'operatività cambia.

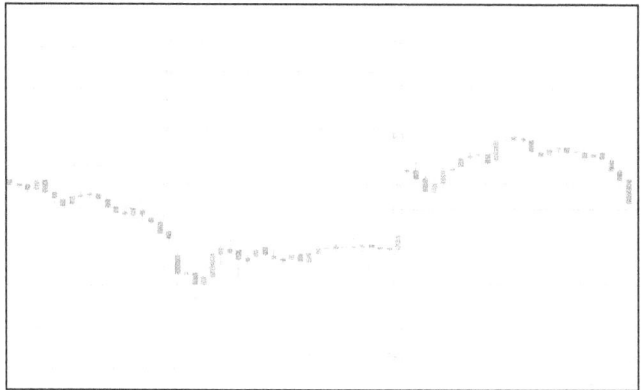

Figura 15: Esempio di Strategia Pivot Point

Strategia Trendline di DeMark

La **strategia Tredline di Demark** prende il nome dal suo inventore, **Thomas DeMark**, uno dei più grandi analisti di sempre. DeMark introdusse il termine *trendline* ("linea di tendenza"), ossia la retta che un unisce almeno due punti di massimo o di minimo su un grafico. Essa viene utilizzata per rilevare la tendenza dell'andamento del mercato. Le *trendline* possono essere di due tipi: la ***trendline* rialzista**, che unisce tutti i punti di minimo e disegna un supporto, e la ***trendline* ribassista**, che unisce tutti i punti di massimo e disegna una resistenza. L'operatività del trader consiste nell'aprire una posizione *short* quando l'*asset* raggiunge la *trendline* ribassista e aprire una posizione *long* quando raggiunge la *trendline* rialzista. In caso di *breakout*, la strategia presume la continuazione del trend.

Figura 16: Esempio di Strategia Trendline di DeMark

Strategia con la Media Mobile a 50 periodi

Come abbiamo visto nel capitolo precedente, la Media Mobile è il livello medio dei prezzi relativo ad un determinato periodo di tempo. Dunque, la **Media Mobile a 50 periodi** indica la media dei prezzi dei 50 giorni precedenti. Quando si sta verificando un *uptrend*, la Media Mobile si trova sotto il movimento dei prezzi; quando, invece, si sta verificando un *downtrend* essa si trova al di sopra. L'operatività del trader consiste nell'acquistare quando i prezzi rompono la Media Mobile dal basso verso l'alto e vendere se la rompono dall'alto verso il basso. È evidente, quindi, che la strategia basata sulla Media Mobile a 50 periodi può funzionare solamente se abbiamo un *uptrend* o un *downtrend*: quando non è chiaro l'andamento del trend, non possiamo applicarla. I trader che utilizzano maggiormente questa strategia sono quelli che svolgono operazioni *intraday*.

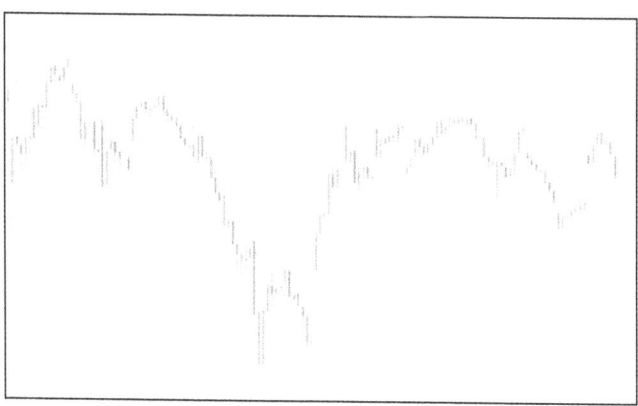

Figura 17: Esempio di Strategia con Media Mobile

Strategia con le Bande di Bollinger

Oltre alla Media Mobile, i trader sfruttano un altro indicatore per costruire la loro strategia, ossia le **Bande di Bollinger**. L'operatività del trader consiste nel comprare quando il valore dell'*asset* raggiunge la Banda inferiore e vendere quando il valore dell'*asset* raggiunge la Banda superiore. La strategia con le Bande di Bollinger può essere utilizzata sia per operazioni *intraday* che per operazioni *multiday*: a seconda del *time frame* utilizzato, le Bande comprendo un volume maggiore o minore.

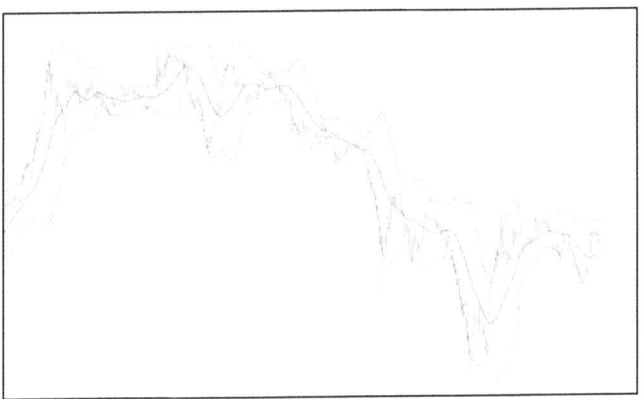

Figura 18: Strategia con le Bande di Bollinger

Strategia di Holding (Criptovalute)

Una delle migliori strategie per investire in criptovalute è l'**Holding** ("tenere"). Facendo holding, quindi tenendo aperta la posizione, non solo non paghiamo tutte le commissioni relative alla chiusura e apertura di altre posizioni, ma possiamo anche guadagnare piuttosto bene nel medio e lungo periodo. Da un punto di vista pratico, la strategia di Holding, chiamata anche "HODL"[15], consiste nell'acquistare materialmente una criptovaluta e conservarla nel nostro *wallet*, con la speranza che nel tempo si apprezzi. Dunque, l'unica posizione che si può ottenere in una strategia di Holding è quella *Long*. Spesso chi utilizza questa strategia non acquista una solamente criptovaluta, ma più criptovalute diverse, in modo tale da diversificare il paniere e bilanciare il proprio investimento nel caso di perdite.

---

[15] Il termine **HODL** significa "hold" ("tenere"). È forse il termine più popolare delle criptovalute, che è iniziato come un semplice errore di ortografia: nel 2013 un membro del forum Bitcointalk aveva scritto un post che descriveva il motivo per cui avrebbe tenuto i suoi *token*, nonostante il fatto che i mercati stessero crollando. Per l'esattezza, aveva scritto erroneamente "hodling" invece di "holding". Questo errore di battitura è diventato molto popolare e ha finito per evolversi nell'acronimo inverso.

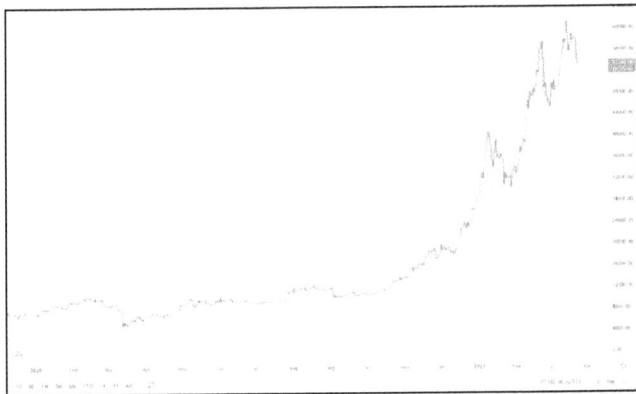
Figura 19: Crescita del prezzo del Bitcoin da inizio 2020 ad oggi

CONCLUSIONE

Eccoci arrivati alla fine di questo viaggio alla scoperta di un mondo sempre più conosciuto, ma ancora misterioso: il **trading online**. Come avrai potuto percepire, il trading online è tanto facile quanto complesso: il succo di tutto il processo è semplice (acquistare e vendere strumenti finanziari al fine di ottenere un profitto), tuttavia, le modalità di esecuzione sono piuttosto articolate. Il trading online è un'attività dinamica, proprio come il mercato. Pertanto, devi cercare di rimanere sempre informato e studiare, ogni giorno. Non devi mai smettere di imparare, conoscere e sperimentare quando fai trading online: devi leggere le notizie, seguire i corsi e guardare video su video, così da diventare sempre più bravo e sicuro di te. Solo con la pratica, la dedizione e la giusta mentalità può trovare la strategia giusta e raggiungere risultati sempre più alti e ambiziosi. Ricorda che non devi avere fretta di guadagnare, anzi, è importante andare per gradi, fare tesoro delle vincite, assimilare le perdite e proseguire senza mai arrenderti. Quando ti senti spaesato e non sai che direzione prendere, fermarti un attimo, fai il punto della situazione e fai le tue scelte con consapevolezza, senza farti prendere dalle emozioni.

Concludiamo il discorso relativo al trading online con queste **cinque regole d'oro**, da tenere sempre a mente e ripetere ogniqualvolta ti sentirai in difficoltà.

1. Aspetta il momento favorevole

Come qualsiasi cacciatore che si rispetti, anche i trader devono attendere la propria "preda" con pazienza. Nel trading online, essere fermi non significa essere inattivi: prendersi del tempo per osservare il mercato è essenziale per effettuare delle operazioni vincenti. Non è consigliabile agire frettolosamente, perché può portare all'errore: sebbene le posizioni sembrino buone, è necessario attendere che il mercato migliori, così da effettuare un investimento più produttivo.

2. Devi evitare intervalli di tempo ridotti

Se l'intervallo di tempo dell'investimento è ridotto, lo sarà anche lo *stop loss*. Di conseguenza, le probabilità di essere in perdita saranno alte, per via delle fluttuazioni di fondo che caratterizzano il mercato. Dunque, è consigliabile fissare lo *stop loss* lontano dalla "zona di rumore" e mantenere l'operazione aperta più a lungo.

3. Devi ricercare un equilibrio tra perdite e profitti

I trader devono prevedere non solo le vincite, ma anche le perdite. Pertanto, è indispensabile stabilire un giusto rapporto tra le due facce della medaglia del trading. Quale sia il rapporto giusto, ce lo suggerisce il buon senso, la pratica e, soprattutto, la lucidità mentale.

4. Devi puntare sulla qualità e non sulla quantità delle operazioni

Per guadagnare con il trading online non è necessario effettuare tantissime operazioni, ma puntare sulla loro qualità. Se in un giorno molte operazioni sono andate male, dobbiamo staccare, prenderci una pausa e rivedere la strategia di trading da utilizzare.

www.ingramcontent.com/pod-product-compliance
Lightning Source LLC
Chambersburg PA
CBHW050012230526
45465CB00003BB/1382